出典：各論文の「出現頻度3以上」のキーワードより作成

▲口　絵①（第1章）：地理学の学会機関誌に掲載された論文のキーワード（2009～2018年）

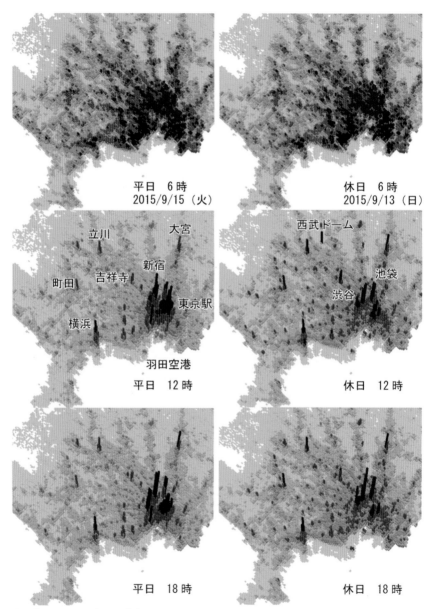

平日　6時
2015/9/15（火）

休日　6時
2015/9/13（日）

立川　　　　大宮

西武ドーム

新宿

町田　吉祥寺　　　　　　　　　　　　　渋谷　　池袋
東京駅

横浜

羽田空港

平日　12時

休日　12時

平日　18時

休日　18時

注：各メッシュの高さが滞在している人口を示す。
出典：NTTドコモ『モバイル空間統計Ⓡ』

▲口　絵②（第2章）：東京周辺における時間帯別人口分布

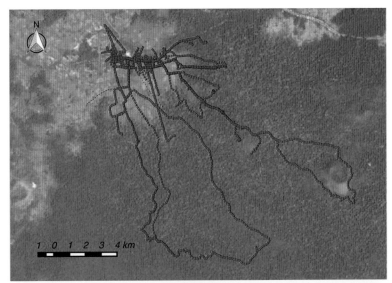

▲男　性

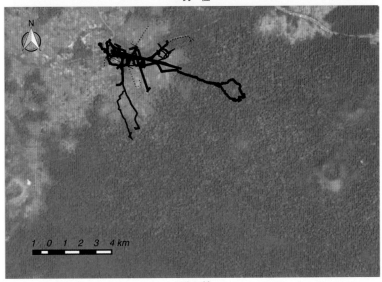

▲女　性

注：ある1日の男性15人，女性15人の行動の軌跡。線の太さの違いは年齢階級を表す（太い方から順に60歳代以上，20歳代〜50歳代，10歳代）。背景はSPOT衛星画像で，緑色は森林域，緑白色は集落域・焼畑。
出典：GPSデータにより筆者作成

▲口　絵③（第3章）：マジャンギルの日常行動空間（上＝男性，下＝女性）

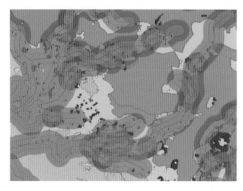

◀口　絵④（第4章）：集落・焼畑分布, 河川, 植生カテゴリーの関係（バッファ分析）

注：川からのバッファは500mと1
　　km。背景の濃い緑色は成熟林,
　　黄緑色は焼畑二次林, ベージュ色
　　はサバンナ疎開林を示している。
　　赤色は1967年の焼畑・集落分布。
出典：筆者作成

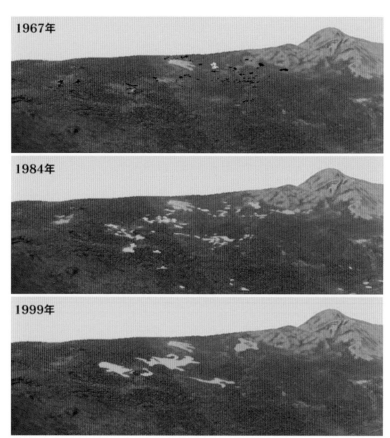

注：背景はSPOT衛星画像, 赤は森林, 青はサバンナ植生。
出典：筆者作成

▲口　絵⑤（第4章）：集落・焼畑分布の変化（1967〜1999年）

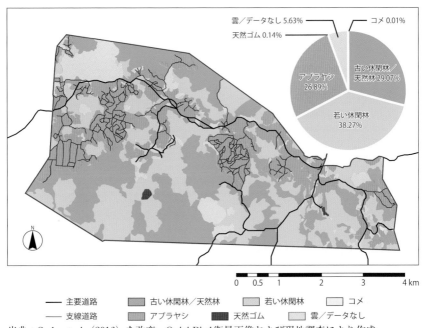

出典：Soda et al.（2016）を改変，QuickBird衛星画像および現地調査により作成

▲口　絵⑥（第5章）：X村における土地利用（2013年）

a．集落と出作り小屋

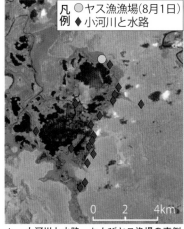

凡例 ◯ヤス漁漁場(8月1日)
◆ 小河川と水路

0　2　4km

b．小河川と水路，およびヤス漁場の事例
（2012 年 8 月 11 日）

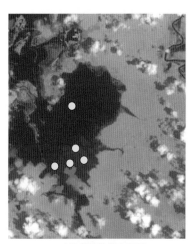

c. 刺し網漁漁場の事例
（2011年11月23，24，27日）

出典：a. = Landsat L8（バンド：R3, G4, B2），2016年11月 4 日撮影。b. = Landsat TM（バンド：R4, G5, B.3），1990年 9 月20日撮影。いずれもナチュラルカラー合成および現地調査により作成

▲口　絵⑦（第6章）：クラインビット村の水域と漁場利用

a．筌（ナメニュガル）を水路（クビル）に仕
　掛けてシロアリを撒く

b．筌（タスウェル）の返しを編む

c．サゴヤシ製ヤス

d．サゴヤシ製釣り針

e．釣　竿

f．刺し網

注：カッコ内は現地での呼称
出典：筆者撮影

▲口　絵⑧（第6章）：クラインビット村の漁具

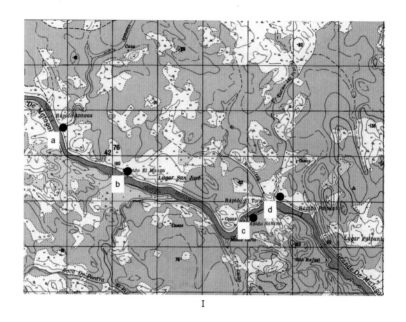

I

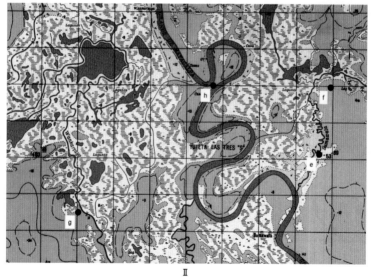

II

注：図中のアルファベットは本文表7-2に記載の地名に対応する。
出典：ニカラグア政府機関資料より作成

▲口　絵⑨（第7章）：ニカラグア・アワルタ流域の官製地図と地名

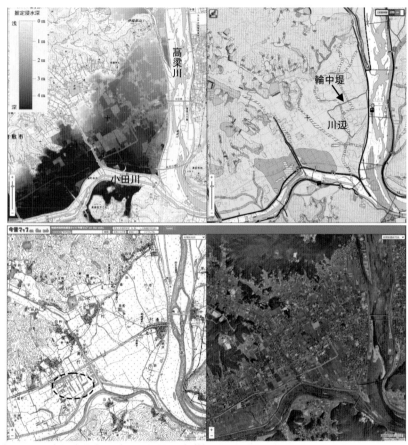

左上：2018年浸水推定図（地理院地図に加筆）
右上：治水地形分類図（地理院地図に加筆）。薄茶色：山地，黄土色：段丘，薄緑色・緑色：
　　　氾濫平野・後背湿地，水色横縞：旧河道，黄色：自然堤防，黄色に赤横縞：盛土地
左下：1925年修正測量地形図（今昔マップで表示，加筆）。破線楕円部に堀上田の土をとっ
　　　た跡（堀潰れ）が見える。
右下：2007年撮影空中写真（今昔マップで表示）
出典：地理院地図，今昔マップより筆者作成

▲口　絵⑩（第9章）：岡山県倉敷市真備地区

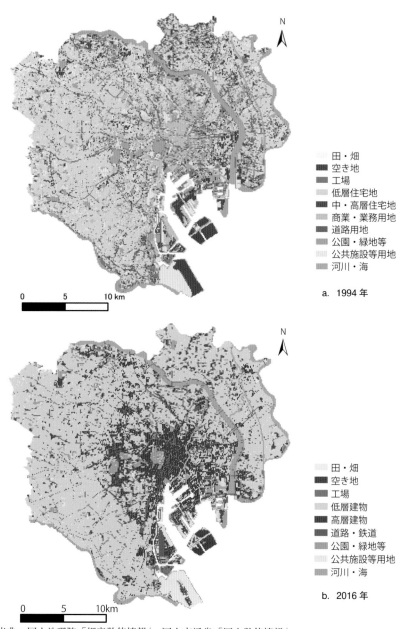

田・畑
空き地
工場
低層住宅地
中・高層住宅地
商業・業務用地
道路用地
公園・緑地等
公共施設等用地
河川・海

a. 1994 年

0　　　5　　　10 km

田・畑
空き地
工場
低層建物
高層建物
道路・鉄道
公園・緑地等
公共施設等用地
河川・海

b. 2016 年

0　　　5　　　10km

出典：国土地理院「細密数値情報」，国土交通省「国土数値情報」

▲口　絵⑪（第10章）：東京23区における100mメッシュごとの土地利用

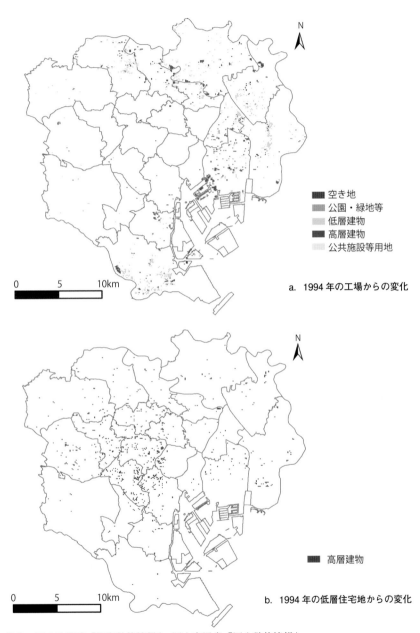

出典：国土地理院「細密数値情報」，国土交通省「国土数値情報」

▲口　絵⑫（第10章）：東京23区における1994年〜2016年の土地利用変化

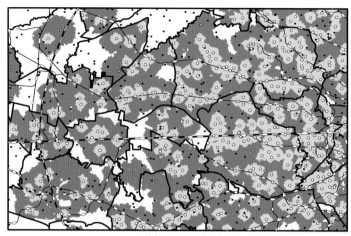

a. 東京駅18時30分出発

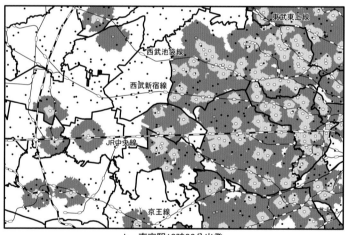

b. 東京駅19時00分出発

保育所の送迎可能性
◦ 徒歩と自転車で送迎可能な保育所
◦ 自転車で送迎可能な保育所
· 送迎不可能な保育所
保育所利用の有効地域
徒歩・自転車で移動
自転車で移動

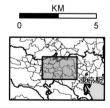

出典：筆者作成

▲口　絵⑬（第12章）：保育所利用の有効地域
（2015年，送迎者の従業地の最寄り駅：東京駅，保育時間：延長保育時間）

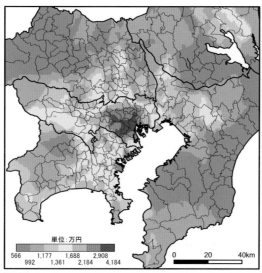

出典：宮澤編著（2017）

▲口　絵⑭（第13章）：東京大都市圏における有料老人ホームの５年間総支払総額（2015年）

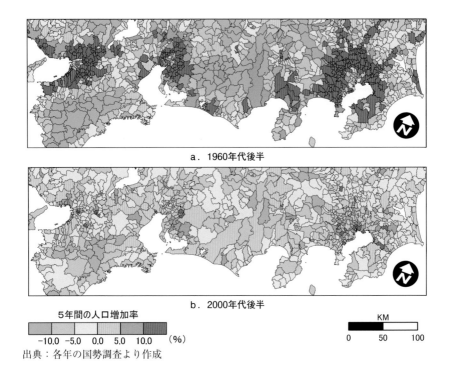

a．1960年代後半

b．2000年代後半

5年間の人口増加率

-10.0 -5.0 0.0 5.0 10.0 （%）

出典：各年の国勢調査より作成

KM

0   50   100

▲口　絵⑮（第14章）：日本の三大都市圏における人口増減

▲ ナメクジ系
⊙ ツブリ系
▪ カタツムリ系
◆ マイマイ系
★ デンデンムシ系

出典：柳田（1980）に所収の原図をもとにGISにより作成

▲口　絵⑯（第15章）：昭和初期における「カタツムリ」の方言分布

人文地理学からみる世界

佐藤廉也・宮澤　仁

人文地理学からみる世界（'22）

©2022　佐藤廉也・宮澤　仁

装丁・ブックデザイン：畑中　猛

s-42

まえがき

　本書は人文地理学をこれから学び始める人のために書かれた入門書である。人文地理学は地理学の一分野であり，地理学という学問分野は古代ギリシャ・ローマの時代まで歴史を遡ることができる。当時の地理学は「自然と人間との関係」と「世界の記述」を主な関心事とした。その根底には，世界とその秩序に対する私たち人間の好奇心があった。

　現代において「世界」という言葉には多くの意味がある。その中で，地球上のすべてや，人間の社会全体という意味での世界の姿に対する関心は，多くの人が共通して抱いているものであろう。世界は多くの地域で構成され，さまざまな地理的条件のもとにそれぞれの人間社会が成立している。かつての人々は，水平線の彼方の見えない世界を想像し，好奇心を掻き立てられてきた。一方，情報通信技術ICTが発展した現代では，世界全体に流通する多様な情報をオンデマンドで入手でき，地球の裏側ともリアルタイムのコミュニケーションが可能である。このような状況において，変化が激しく，ますます多様化が進む世界について，より良く理解するための見方と方法を提供し，地理的な思考や好奇心を高めることが，人文地理学の現代的役割である。

　以上を踏まえて本書では，人文地理学の対象の中から，人間と環境との関係である「人間・環境系」と，20世紀以降発展が目覚ましい「都市」に焦点を当てた。「環境」と「都市」は，国連の持続可能な開発目標SDGsにもみられるように，現代世界を考えるための重要なキーワードである。人文地理学の対象は多岐にわたるため，一冊の書籍でそのすべてを網羅することは難しい。本書は，扱う素材を厳選することにより，人文地理学のエッセンスをわかりやすく提示し，かつ人文地理学から現代世界をみる方法を学ぶための道案内とすることを目的に構成した。ま

た，本書では学問の世界における人文地理学とその将来展望にも言及している。学問のあり方は，現実の世界に影響し，変革する原動力になり得ると考えられるからである。

　本書のもう一つの特色は，人文地理学の研究が世界をみるために重視する道具立てとして，地図（地理情報）とフィールドワークの解説にも力を注いだ点にある。「地図の始まりは文字よりも古い」という説があり，測量や地図作製に関する技術は人間社会の発展とともに向上してきた。現在では地表のさまざまな地物に関するデジタルな地理情報が整備され，それを操作するGIS（地理情報システム）の普及を受けて，人文地理学の研究手法も画期的に発展している。また，地図・地理情報の使用からは研究対象を俯瞰的に把握できるのに対して，フィールドワークは対象地域に滞在しながらより詳細なデータを収集するのに効果的であり，現場からの知識を重んじる人文地理学においてやはり不可欠な手法である。本書では，これらの手法によって得られた研究の成果を多数紹介しており，具体例を通じてその役割を考えることができるように工夫した。

　なお，本書は放送大学の導入科目「人文地理学からみる世界' 22」の印刷教材として作成された。同科目の放送教材を視聴することによって，さらに深い理解に達することができるため，あわせて参照してほしい。

　これらの教材作成を含む講義の準備にあたっては，放送大学の大村敬一教授，放送大学教育振興会の長瀬治編集担当，放送大学制作部の小林敬直プロデューサー，NHKエデュケーショナルの新井明徳ディレクター，ロケーション協力者など多くの方からご協力いただいた。ここに記して感謝の意を表したい。

2022（令和4）年1月

佐藤　廉也・宮澤　仁

目 次

1 | 人文地理学はどんな学問か？

宮澤　仁・佐藤　廉也

《**本章の目標＆ポイント**》　人文地理学という学問の特徴を，学史を振り返りつつ学ぶ．中でも人間・環境系研究と都市研究という二つの流れを中心として，人文地理学の主要な研究対象と研究方法を理解する．あわせて日本の地理学界における研究動向を知り，本書全体の展望を得る．
《**キーワード**》　地理情報，フィールドワーク，人間・環境系，空間的視点，都市，研究動向

1. 地図とフィールドワークを駆使する学問

　人文地理学とはどんな学問か，という問いに答えることは，実は簡単なことではない。19世紀に一つの学問分野として成立して以来，地理学（人文地理学）の中心課題は何か，という問題についてさまざまな研究者が見解を表明し，しばしばそれをめぐって論争が行われてきた。人文地理学は，つねに学問の定義と方法論をめぐって揺れ動きながら発展してきたといっても過言ではない。

　ここでは，地理学とは何か，という問いに対する人文地理学者の答えを二つ挙げておこう。20世紀前半から半ばにかけてアメリカの地理学界において大きな影響力をもったR.ハートショーン（ハーツホーン）は，「地表の多様な特性について正確で秩序だった合理的な記述を与えること」を地理学の役割であるとし，「範域（地域）の差異性（areal differentiation/regional differentiation)」を明らかにすることの重要性を強調した（ハーツホーン 1975）。一方，1950年代になるとハートショーンの地理学観は，科学的な説明や法則の探究を排除し，もっぱら地域の個性記述を指向する偏った地理学観であるとして批判された。後に「計量革命」と呼ばれる，科学的な方法論を地理学に導入する動きが盛んになると，計量的な立地分析モデルの整備に大きな貢献をしたイギリスの人文地理学者P.ハゲットは，「地域的多様性の中にみられるパターンや構造，そしてそれらのもつ意味を解明すること」が地理学者の学問的関心であると述べている（Haggett 1990）。

　地理学の課題と方法に関するハートショーンとハゲットの考え方には，ある地域においてみられる現象を，ユニークなものとみなしてそれを単に「記述」するのか，それとも現象の背後に潜むパターンや構造を見出して，なぜそのような現象が見られるのかを「説明」するのかという対照的な違いがみられる。しかし，その対照性の一方で，地理的な広がりの中で展開する差異や多様性に注目するという点においては，2人の関心は一致している。ここに，その成立期から現代に至るまでの，地理学者に共通する関心の所在を見出すことができるだろう。

　地域的差異や多様性に注目する人文地理学は，具体的にどのようなアプローチによってそれらを記述・説明するのだろうか。取り組む研究課題に応じてさまざまなアプローチがある中，大半の人文地理学者に共有される方法が，第1には，地図・地理情報を用いて研究するということ，そして第2には，フィールドワークの重視である。

　現象の地理的な分布パターンや構造，またそれらの地域的な差異に注目する以上，それらを2次元あるいは3次元に表す地図は，分析を進める手がかりとして，また分析結果を解釈・理解するために不可欠なものである。地理的位置と結びつけられたさまざまな情報は，地理情報と呼

ばれる。地理情報は現在の情報だけでなく，過去のものも含まれ，ゆえに空間は常に時間軸と結びつけられて扱われる。たとえば過去の地表の情報は，現在に至る環境動態，すなわち環境変化のプロセスの分析にとって貴重なデータになりうる。このような地理情報は1980年代以降，「GIS革命」と呼ばれる情報のデジタル化とGIS（地理情報システム）の発展・普及によって，それまで困難であった大量かつ複雑な地理情報の管理・分析・表示をコンピュータ上で行うことができるようになり，より効率的な研究が可能になった。本書では，GISを用いた分析手法の紹介にも力点が置かれている。

　人文地理学に不可欠なもう一つのツールであるフィールドワークは，主として二つの目的をもつ。一つはあらかじめ設定した仮説に基づいて，観察・観測によってデータを集めることで，もう一つは，机上では気づくことのできない問題そのものを現地で発見することである。人間行動や社会を対象とする他の学問と同様に，人文地理学は経験的なデータに

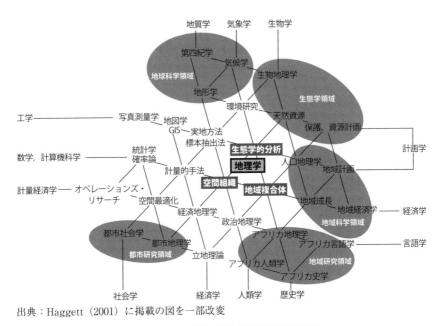

出典：Haggett（2001）に掲載の図を一部改変

図1-1　地理学と隣接諸科学の相関図

基づいて研究を進める。しかし，既存の統計などのように，あらかじめデータが入手可能な状態にあることはむしろ例外である。それどころか，現地で観察しなければ問題がどこにあるのかすらわからないことも多い。このように，人文地理学では，地図・地理情報とフィールドワークという二つの道具を駆使して，時空間上に展開するさまざまな現象にせまる。

　図1-1は，前述のハゲットによる地理学と隣接科学との結びつきを示した図である。ハゲットは，地理学のアプローチには主として生態学的分析によるアプローチ，空間分析によるアプローチ，そして二つを統合する地域複合分析のアプローチがあり，この三つのアプローチは時代によって浮き沈みがあるものの（たとえば，1930年代には地域複合分析に，1950〜1960年代には空間分析に，1970年代には生態学的分析に傾斜しながらも，というように），ほとんどの地理学者の研究はつねにこの三つのアプローチの三角形のどこかに位置づけることができる，と述べている（Haggett 1975）。この図からはまた，扱う研究対象が多岐にわたる地理学においては，その対象ごとに関連する隣接科学との連携が不可欠となることも読み取れるだろう。本書においても，生態学的分析による人間・環境系へのアプローチと，空間分析を含む空間的視点からの都市へのアプローチが二つの研究テーマの柱となる。以下にその二つのアプローチの概略を述べ，続いて日本の地理学界における研究動向を紹介し，最後に本書の構成について述べる。

2. 生態学的分析と人間・環境系へのアプローチ

　ある地域にみられる人々の行動や文化の成因を自然環境の影響であるとする考え方は，古代ギリシャ・ローマの頃から存在したが，近代の学問が成立して以降には，人文地理学における主要な関心の一つとなった。

19世紀にダーウィンの理論を積極的に取り込み，人間集団に及ぼす自然環境の役割を強調しつつ，地理学の統一理論の構築を目指した地理学者として，ドイツのF.ラッツェルが知られている（第15章）。

　第二次世界大戦後のアメリカにおいては，C.O.サウアーが中心となって人間による地表の改変に焦点を当てた文化地理学的研究を展開するなど，人間・環境系研究は独自のかたちで展開した。また，文化人類学の分野においてJ.スチュワードが文化生態学という研究戦略を提唱し，人間集団の文化を自然環境とその利用技術（生業様式）との関係から説明する学際的な研究枠組が成立すると，人文地理学者もこの研究に関わるようになった。さらに1960年代以降は生態系（エコシステム）概念が隆盛し，人間も含まれる生態系におけるエネルギーや物質の循環に関する研究が蓄積され，生態学や進化生物学の発展を取り込んだ生態学的アプローチの概念と手法が次第に定着した。

　今日の人文地理学における生態学的アプローチも，進化生物学や生態学のそれと基本的な概念群を共有しており，その一つに「適応（adaptation）」がある。人文地理学で扱う適応には，進化生物学で扱われる生物学的な適応のほかに，文化的適応がある（小林 2004）。生物学的適応は，ある環境において生存上有利な形質（遺伝情報に基づく特徴）が，世代交代を重ねる中で持続・定着することであるのに対し，文化的適応は，学習や模倣によって伝達・継承される知識や技術がある環境のもとで定着するものである。

　生物学的適応のわかりやすい例として，乳糖耐性の分布がある（**図1-2**）。母乳や家畜の乳には乳糖（ラクトース）が含まれており，これを消化するにはラクターゼという酵素が体内で生成される必要がある。人間の乳児の体内ではラクターゼが生産されるが，成長するにしたがって次第につくられなくなり，その結果，牛乳を飲むと下痢をするようにな

る。しかし大人になってもラクターゼが生産され，乳糖を消化吸収できる体質の人々もいる。この乳糖耐性の分布は北西ヨーロッパやサハラ周辺のアフリカなど，古くから牧畜の盛んな寒冷地・乾燥地に偏って分布しており，牧畜を開始して以降の生物学的適応の結果だと考えることができる。

　ところが，古くから牧畜を主生業とし，家畜の乳利用もするモンゴル人は，乳糖耐性を持つ人の割合は20％に満たず，日本人と同様に乳糖耐性の比率が小さい集団である。モンゴル人は，乳糖耐性を持たずにどのように牧畜を主生業とする生活を維持してきたのだろうか？　その答えは，発酵文化にあるといえる。モンゴルでは，馬乳酒がよく知られているように，家畜の乳はアルコールあるいは乳酸発酵させた上で摂取される。発酵すると乳糖はアルコールや乳酸に分解され，乳糖耐性を持たずとも吸収できる。モンゴル人は伝統的に家畜の乳を生で飲むことはせず，発酵させて体内に取り込んできた。これは，文化的適応の好例である。

　このように，生態学的アプローチは，さまざまな隣接分野との結びつ

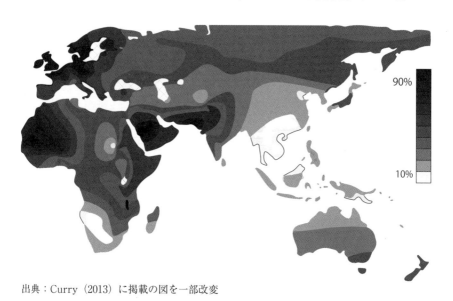

出典：Curry（2013）に掲載の図を一部改変

図1-2　乳糖耐性を持つ人口の比率

きを保ちつつ，人文地理学における人間・環境系研究の柱として展開してきた。このような結びつきの中で生まれた地理学的知見の中に，J.ダイアモンドによる農耕・牧畜文化の拡散の説明がある。ダイアモンドは，西アジアで始まった農耕文化のセットが相対的に速いスピードでヨーロッパや東アジアにまで拡散したのに対し，そのサハラ以南アフリカへの拡散や，独自に農耕が始まったアメリカ大陸の南北方向における拡散スピードが非常にゆっくりとしたものだった理由を，大陸の広がる方向や大きさに求めている。つまり，気候の似通った地域では文化は迅速に拡散したのに対して，気候帯が異なる地域では文化の拡散は容易なことではなかったというのである（ダイアモンド 2000）。この発想が生まれた背景には，ダイアモンドが島のサイズや大陸からの距離によって種の多様性を説明するという理論を持つ，島嶼生物地理学・生態学を専門としていたことがあったと考えられる。

　一方，1970年代以降，森林減少や砂漠化など，気候変動や人間活動に由来するさまざまな問題が，いわゆる地球環境問題として認識されるようになると，学際的な研究サークルの中で環境問題の構造の解明やその解決に関わる研究に従事する地理学者も多く現れた。地理情報データを用いた環境モニタリングや過去の環境復原研究などは，GISの発展・普及によって今日その重要性を増しつつある。環境問題のミクロレベルでの発生メカニズムをフィールドワークによって解明する研究なども，地理学者の得意とする分野である。本書では，こうした人文地理学の環境問題へのリンクも重視していくことになる。

3. 空間的視点と都市へのアプローチ

　都市には多くの人間が集住し，経済や政治，文化などに関するさまざまな機能や活動が集積している。世界の都市人口割合は，20世紀初頭に

は約13%にすぎなかったが，1950年代に30％程度となり，2018年には約55％（42億人）まで上昇した。都市の影響力が増すにつれて，人文地理学でも都市および都市における諸現象は重要な研究対象となっていった。

　人文地理学では，二つの空間的な視点に基づいて都市を研究してきた（田辺・渡辺編 1985）。一つは，都市を空間的な広がりとしてとらえる視点であり，都市を構成する諸要素の空間的な配置のパターン，つまり都市内部の空間構造を明らかにし，その形成過程と要因を解明する。もう一つの視点は，複数の都市とその関係性に注目するものであり，都市の立地にみられる特徴や規則性，都市の発展段階の比較，都市同士の関係とそれが織り成すネットワークの構造，さらにこれらのことが個々の都市にどのような影響を及ぼすのかなどを解明する。前者の視点は「システムとしての都市」に関する研究，後者は「都市システム」に関する研究とされ，さらに前者は後者の中に含まれる二重構造として都市をとらえてきた（Berry 1964; 林 1991）。

　以上の二つの空間的視点を踏まえて，海外を中心とした人文地理学における都市研究の主要テーマの変遷を**表1-1**に整理した。広い視野と多様な方法，社会への強い関心に基づき，その対象は多岐にわたることが理解できる。簡単にみれば，都市が成長し，都市の社会が複雑化していく1960年代までの時期には，都市の分布や形態，都市内の小地域ごとの社会的特性や居住地構造が研究のフロンティアであった。また，1950年代から1960年代には「計量革命」を通じて，さまざまな事物・現象を幾何学的に認識することで，それらの位置や距離，相互作用を分析する空間分析の手法が都市研究にも導入された（杉浦 2012）。空間分析はその後も洗練されていき，現在ではGISと融合することでその適用範囲は大きく拡大している（第2章）。

表1-1　人文地理学における都市研究の主要テーマ

年　代	都市システム	システムとしての都市
1900	都市の起源と成長 集落の分布パターン	集落の立地場所と条件 都市の形態 都市景観の分析 都市生態学
1950	中心地理論 集落分類	社会地区分析 因子生態学 中心業務地区の画定
	人口移動 人口移動の意志決定 郊外化 都市・地域計画	居住地移動 小売業と消費者行動 都市のイメージ 権力と政治
1970		地域的（領域的）公正 サービスへのアクセス格差
	政治経済における都市の役割 エッジ・シティ 反都市化	都市問題と構造的環境 経済の再構築 貧困と剥奪 インナーシティ問題
	発展途上国における都市－農 村間の人口移動	住宅市場とジェントリフィケーション 都市の不動産市場 交通・輸送問題 都市の自然環境 発展途上国の都市における居住・健康と 経済
1990	文化・社会のグローバル化 グローバル経済 グローバルな都市システム 世界都市とグローバル都市 メガシティ	グローバル化の都市への影響 都市空間の社会的構築 都市における文化の多様性 社会的公正 都市の居住性 持続可能な都市
2000	ハイテク・情報産業の集積	都市の将来像

出典：Pacione（2009）に掲載の表を一部改変

　1960年代中盤から1970年代にかけては研究方法の多様化が大きく進んだ時代であった。行動地理学の登場により，人間の空間的な意思決定や行動が注目されるようになった。都市研究では人口移動や居住地選択，消費者行動などの人間行動とともに，人間の行動に影響を与える心的表象としての都市のイメージも研究の対象となった。1960年代末からは，

アメリカの人文地理学界を中心に，それまでの人文地理学の研究を実際の社会問題に目を向けていないと批判するラディカル地理学運動が展開された（竹内 1980）。経済成長の失速や資本主義の負の側面が顕在化し始めたことも関係して社会的なテーマへの関心が高まり，都市の衰退や経済の再構築，貧困の問題，都市における政治・行政過程といったテーマが追求されるようになった。革新的な雰囲気の中でマルクス主義地理学や人文主義（人間主義）地理学などが確立し，人文地理学の方法論の多様性につながったといえる。

1980年代になると先進国以外の都市を研究する研究者も増え，1990年代以降はグローバルスケールの都市システムとそれを構成する世界都市・グローバル都市の研究が大きく進展した。また，グローバル化のもとで風潮を強めた新自由主義とそれに基づく社会・経済のあり方に対する抵抗から，引き続き批判的な姿勢に基づいた研究が取り組まれ，さらにポストモダニズムの影響を受けることで人間のさまざまな差異（ジェンダーやエスニシティ，年齢など）にも注目が集まり，文化的多様性の承認や社会的公正，都市の居住性（住みやすさ）といったモラルや生活の質から都市の空間構造をとらえるテーマも取り上げられるようになった。近年では都市成長による環境への負荷増大や少子高齢化・人口減少に直面するようになった都市の持続可能性など都市の将来像に関わる問題が重要な研究課題となっている。

本書の後半では，多数ある世界の都市の中から，主に日本の東京を取り上げる。日本は主要都市圏に人口が集中している世界でも有数の国であり，その中でも東京は世界最大の都市圏人口を擁し，さまざまな機能が集積した世界都市の一つである。また，日本は急速に少子高齢化が進んでおり，先進国の中でも先行して人口減少過程に突入した。これらのことから東京は，1990年代以降の人文地理学の都市研究において扱われ

てきたテーマを論じる上で興味深い都市である。

4. 日本における人文地理学の研究動向

　本書の軸となる二つの研究分野とそれぞれの視点を解説してきた。そこで近年の研究動向をみることにしよう。ここでは，人文地理学分野の総合学術誌『人文地理』（人文地理学会刊）に毎年掲載されている「学界展望」で紹介された，最近10年間（2009～2018年）に日本の学術雑誌等で公表された論文の書誌学的分析の結果に基づいてみることにする。

　まず，学界展望で紹介された雑誌論文（計4,050本）の細分野ごとの傾向を**図1-3**からみる。広義の経済地理（計1,464本）と「歴史地理」の

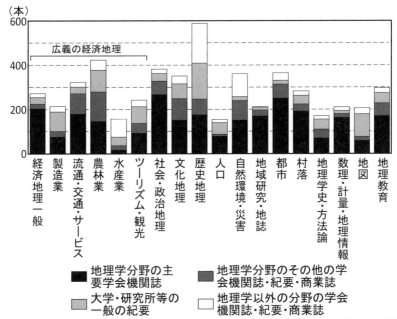

注：巻頭言や特集として掲載された論文をまとめて取り上げたものは対象から除いた。また，前編と後編などのように分割して掲載された論文は1本として数えた。地理学分野の主要学会機関誌は，地理学評論，Geographical Review of Japan Ser.B, E-Journal GEO, 人文地理，季刊地理学，地理科学，地学雑誌，地理空間，経済地理学年報，歴史地理学，地形，都市地理学，GIS－理論と応用，地図，新地理，地理教育研究とした。
出典：『人文地理』の学界展望より作成

図1-3　『人文地理』の学界展望で取り上げられた雑誌論文の本数（2009～2018年）

分野で紹介された論文が多く，それに続いて系統的分野のうち「社会・政治地理」や「自然環境・災害」「文化地理」の分野の論文が多いことがわかる。また，「地域研究・地誌」から「村落」までの地域の区分に基づく分野では「都市」に関する論文が多い。これらの中で人間・環境系のテーマに関する論文は「地域研究・地誌」の分野を中心としつつ「自然環境・災害」や「村落」をはじめ他の分野にも広くみられる。

　この図には掲載雑誌の種別内訳も示したが，そのうち地理学の主要学会の機関誌に掲載された論文を対象にキーワードを集計することで，最近の研究対象をみてみよう。**巻頭口絵①**は，対象となった論文（1,485本）におけるキーワードの出現頻度をワードクラウドと呼ばれる表現方法を用いて示した図であり，出現頻度が高い語ほど暖かい色の大きな字で示した。この図から，まずは最頻出のキーワードが「地理教育」であることがわかる。**図1-3**でも「地理教育」分野の論文は比較的多かった。これらの背景には地理学が初等・中等教育の社会科，地理歴史科教員の養成を担っていることがある。研究上の他のキーワードに注目すると経済地理学分野のテーマである「産業集積」や多くの分野でキーワードとなる「グローバル化」などの語の出現頻度が高い。「GIS」「フィールドワーク」もキーワードとしての出現頻度からみて人文地理学の重要な研究手法であるとあらためて理解できる。

　また，「東京大都市圏」「東京」が頻出語である一方，「地方都市」や「中山間地域」，そして双方に関連するとみられる「地域格差」も頻出語である。さらに，「観光」「観光行動」「ジオツーリズム」や「東日本大震災」と「東北地方太平洋沖地震」，「人口減少」や「高齢化」「高齢者」「介護保険」に関しては，それ自体がキーワードとして出現頻度の高い日本の「地域政策」や「地域づくり」における重要課題と関連した語である。

　ただし，出現頻度の高いキーワードは少数であり，キーワードとなっ

た語はきわめて多岐である。これは，人文地理学の視野の広さと研究対象の多様性をよく反映している。しかし，これでは研究動向がつかみづらいため，本書の軸となる人間・環境系と都市の研究に対象を絞った上で論文のキーワードを集計してみた。その際，固有名詞および一部の専門用語を除く複合語を形態素に分解した上で共起（ある語とある語が共に出現すること）を求めることにした。その結果を示したものが**図1-4**であり，研究対象がより明確化される。

　人間・環境系に関する論文で高頻度の共起がみられた語は，第1に自然環境を保護・保全の対象とする取組みに関するものである。「環境」「自然」「生物」と「保全」「保護」「多様性」との関係や具体的にはラムサール条約に基づく湿地の生態系保全がみられる。第2に，人間による自然環境の利用に関する語であり，「ジオツーリズム」をはじめ自然環境を対象とした「観光」や，農業等の食料獲得の活動とも関わる「土地利用」「灌漑」などである。信仰の対象と芸術の源泉として世界遺産に登録された「富士山」に関する語もこれに該当するであろう。第3に，自然災害に関するものであり，「東北地方太平洋沖地震」「津波」「液状化」「断

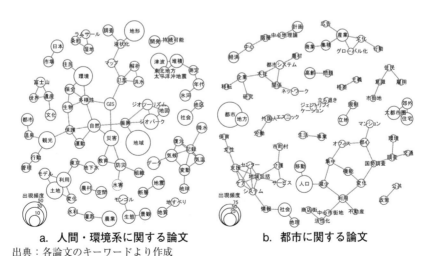

a.　人間・環境系に関する論文　　　　　　b.　都市に関する論文
出典：各論文のキーワードより作成

図1-4　地理学の学会機関誌に掲載された人間・環境系および都市に関する論文のキーワード（2009〜2018年）

層」といった地震関連や，近年頻発する集中豪雨災害に関する「洪水」「氾濫」「水害」「地すべり」などの語がみられる。

　一方，都市に関する論文で高頻度の共起がみられた語としては，第1に，「大都市圏」と「郊外」「住宅」や，「都心」と「オフィス」「マンション」，また「グローバル化」と「文化」「産業」「商業」「集積」や「外国人」と「労働」「エスニック」，「高齢」と「問題」，また「介護」関連の語や「女性」と「保育」との関係などが指摘できる。いずれも大都市を対象とした研究で取り上げられてきたテーマと関係する語である。第2に，「中心市街地」「商店街」と「活性化」との関係や「人口」と「減少」の関係といった，それ自体がキーワードとしても頻出している地方都市が抱える課題をテーマとした研究に関する語である。第3に，「都市システム」と「本社」「企業」「移転」「関係」「ネットワーク」といった都市システムと企業立地の研究に関する語や，都市の分布を説明する理論としての「中心地理論」に関する語がみられる。

5. 本書の構成と内容

　本書は，以上に概観した人文地理学のエッセンスと最前線の姿に対応するかたちで構成され，通読することによって，人文地理学という学問を通してみる世界の姿が浮き彫りになるように書かれている。本書で取り上げるトピックは，前節までにみた近年の主要な研究対象と関係があり，本書の前半では，環境への文化的適応，環境改変や防災，環境問題や先住民権運動など，人間・環境系に関わる問題に注目し，後半では，大都市圏における都心と郊外の変容やエスニック空間の形成，少子高齢化対策としての介護や保育の課題に注目する。

　これらに先駆けて第2章では，すべての章に共通する研究手法として人文地理学が駆使してきた地図・GISを取り上げる。地図の歴史から始

まり，GPSをはじめとする測位システムが生み出す地理情報の特徴と現在に至るまでの整備過程をたどり，社会における地理情報の役割の変化を確認するとともに，GISの発展と普及が人文地理学に与えている影響を概説する。そして，次の章から，人間・環境系へのアプローチから都市へのアプローチへと，それぞれの分野の第一線で活動する研究者によって，順を追って基本概念と具体的な研究事例が紹介される。なお，人文地理学が大切にしてきたもう一つの研究方法であるフィールドワークに関しては，該当する個々の章でその実践について学んでほしい。

　第3章から第9章までは，人間・環境系をめぐる諸問題に焦点が当てられ，日本を含むアジア・アフリカ・オセアニア・ラテンアメリカを舞台とした地理学的研究の事例が紹介される。環境への文化的適応（第3章，4章，6章），熱帯林減少をめぐる問題（第5章），地図を用いた先住民権問題への取組み（第7章），治水・利水をめぐる環境改変（第8章），自然災害と防災（第9章）と，さまざまな角度から人間と環境との関係にアプローチする。環境への適応にせよ，環境改変にせよ，人間は文化を通して環境に関わる。これらの章では，そうした文化の持つさまざまな役割について学んでほしい。

　第10章から第14章では，都市に焦点を移し，さまざまな角度から光を当てつつその空間的な動態の把握を試みる。まずグローバル化によって成立した世界都市の特徴とその中心部の空間的変容について東京を事例に理解し（第10章），さらに海外からの移民の定着と短期旅行者の流動に目を向ける（第11章）。次に日本の大都市が直面する課題として，保育サービスを中心とした子育て支援と働き方（第12章），高齢者の居住安定と介護サービス（第13章），そして郊外の持続再生とその担い手（第14章）に焦点を当てる。以上の各章において読者は，都市において発生する現象や課題を，社会や経済との関わりだけではなく空間的な文脈の

24

中で読み取ることを試みてほしい。

　最終章では，人や文化（情報）の移動・拡散研究という題材を例に，過去から現在に至る人文地理学と隣接分野の学問的革新の歴史について振り返りつつ，総合的な学問としての人文地理学の未来の可能性について，読者と共に展望したい。

参考文献

- 小林　茂 2004. 環境への適応. 小林　茂・杉浦芳夫編『人文地理学 [改訂版]』92-105. 放送大学教育振興会.
- 杉浦芳夫 2012. 人文地理学の発展と GIS. 小林　茂・宮澤　仁編『グローバル化時代の人文地理学』231-248. 放送大学教育振興会.
- ダイアモンド，J. 著，倉骨　彰訳 2000.『銃・病原菌・鉄（上）（下）』草思社. Diamond, J. 1997. *Guns, germs, and steel.* New York: W.W.Norton & Company.
- 竹内啓一 1980. ラディカル地理学運動と「ラディカル地理学」. 人文地理 32: 428-451.
- 田辺健一・渡辺良雄編 1985.『総観地理学講座 16 都市地理学』朝倉書店.
- ハーツホーン，R. 著，山岡政喜訳 1975.『地理学の本質』古今書院. Hartshorne, R. 1939. *The nature of geography: A critical survey of current thought in the light of the past.* Washington D.C.: The Association of American Geographers.
- 林　上 1991.『都市の空間システムと立地』大明堂.
- Berry, B.J.L. 1964. Cities as systems within systems of cities. *Regional Science Association, Papers and Proceedings* 13: 147-163.
- Curry, A. 2013. Archaeology: The milk revolution. *Nature* 500: 20-22.
- Haggett, P. 1990. *The geographer's art.* Oxford: Blackwell.
- Haggett, P. 2001. *Geography: A global synthesis.* Harlow: Prentice Hall.
- Pacione M. 2009. *Urban geography: A global perspective*, 3rd ed. Oxford: Routledge.

2 | 地図とGISの発展

矢部　直人

《**本章の目標＆ポイント**》　日本における地図の発展について，GISの普及に
ともなうデジタル地図の登場に至るまでの流れを概観する。GISならびに測
位システムの基本的な機能を理解し，特に測位システムを実装したスマート
フォンが大量の地理情報を生み出していることを理解する。この大量の地理
情報を分析する手法について紹介する。
《**キーワード**》　基本図, GIS, 測位システム, 地理情報, 探索的空間データ分析

1. 日本における地図の発展

●江戸幕府による地図

　日本に現存する地図作製に関する最も古い記録は，646年の班田収受
のための地図作製に関する詔書とされている（織田 1974: 14）。古代律
令国家は，土地を管理するために地図を必要としたのであろう。国家は
地図の発展に大きく関わっているため，本節では金田・上杉（2012）お
よび建設省国土地理院監修・測量・地図百年史編集委員会編（1970）を
もとに，江戸幕府や明治以降の中央政府が作製した地図を中心にその発
展を概観する。

　江戸幕府は諸大名に国絵図（越後国，信濃国などの国を単位とした地
図）を作製・提出させて，日本図を編集した（**図2-1**）。明治以降は国土
を網羅する基本図の作製が進められるが，江戸時代の国絵図はこの基本
図に相当するという見方もできる（川村 2010: 3）。江戸時代における最

初の日本図と考えられているのが，寛永期（1624〜1644年）に作られた日本図である。寛永日本図には2種類あり，島原の乱の後に作られたものは，軍勢を移動させるのに必要な道のりや渡河方法といった交通情報が重視されている。正保期（1644〜1648年）の日本図の特徴は，交通など軍事に関わる情報が引き続き重視されているほか，蝦夷地が初めて記されていることである。

　元禄期（1688〜1704年）における国絵図の特徴は，国境などの境界を巡る争いが多くなったことを踏まえて，境界を明確にすることに重点を置いたところにある。ただし，境界を重視した国絵図を接合して日本図を作ったため，かえって誤差が拡大して日本図としての形は歪みが大きくなってしまった。享保期（1716〜1736年）には，より正確な日本図を作る試みがなされている。

　正確さという点では，江戸時代の最後に伊能忠敬（1745〜1818年）の

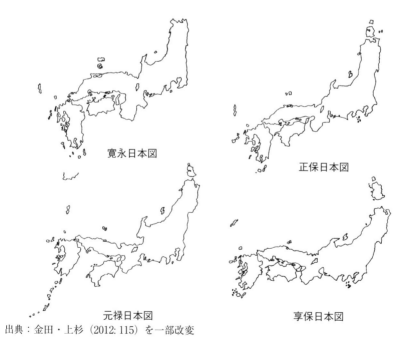

寛永日本図

正保日本図

元禄日本図

享保日本図

出典：金田・上杉（2012: 115）を一部改変

図2-1　江戸幕府が作製した日本図の形の推移

業績に触れる必要がある。伊能忠敬の用いた測量方法は特に目新しいものではなかったが，全国規模で測量を実施したこと，天測による経緯度の測定と組み合わせたことが画期的な日本図の作製につながった。伊能図は明治になってから広く活用されており，明治17（1884）年から刊行された参謀本部による輯成20万分1図は，伊能図をもとに作られている。

●明治から第二次世界大戦までの政府による地図

　政府における地図作製は，当初は民部省や兵部省などに分かれて担われていた。その後，次第に兵部省から分かれた陸軍省，さらに参謀本部へと業務が集中していき，明治21（1888）年には参謀本部陸地測量部が設けられた。

　西南戦争を経た後の明治12（1879）年には，国土の基本図を作る構想がたてられ，全国を2万分1の縮尺の地図でカバーすることとなった。この構想に基づいて，明治13（1880）年から関東地方を対象として第一軍管地方2万分1迅速測図，いわゆる迅速図[注1]の作製が始まった。この迅速図作製の目的として，軍事に関する重要な事物を調べることが挙げられており，江戸時代初期の地図作製と共通するところは興味深い。なお，迅速図の作製にあたっては，精度の高い三角測量の準備が整っておらず，簡易な方法がとられた。

　明治18（1885）年からは，三角測量に基づくより正確な地図の作製が始まった。これが正式2万分1地形図[注2]である。この地図は大正元（1912）年までに一連の測図が終わったが，当初の計画とは異なり，全国をカバーすることはなかった。その理由は，明治23（1890）年に，全国をカバーする基本図の縮尺が，急峻な山岳の測量が難しいことなどから5万分1へと方針変更されたためである。この5万分1地形図は，大正13（1924）年に北海道，本州，四国，九州の測量を完了した。以降，

基本図の作製は台湾，朝鮮などに重点が移ることになる。

　明治から第二次世界大戦にかけての時期，国外の地域を対象として作製された地図は現在では外邦図と呼ばれている。外邦図は日本の海外進出にともなって，アジア・太平洋地域の広い範囲にわたって作られ，軍事と密接に関わっていた。国外のため地上での測量ができない地域が含まれており，当時は先進的な技術であった航空機による空中写真測量が導入された地域もある。外邦図に関する研究は近年になって進み，小林（2011）がその成果を一般向けに解説しているほか，東北大学外邦図デジタルアーカイブ[注3]では一部の地図が公開されている。

●第二次世界大戦後の政府による地図

　戦後，政府における地図作製の業務は，内務省，後に建設省地理調査所へ引き継がれた。地理調査所は，1960年に国土地理院となり現在に至っている。サンフランシスコ平和条約発効後には，5万分1の縮尺で整備されていた国土基本図を2万5千分1で整備する構想が出され，1964年からその作製が本格的に始まった。この2万5千分1地形図の作製には空中写真測量が用いられ，1983年にはほぼ全国の整備が完了している。

　1990年代以降は，GIS（地理情報システム）の普及により，紙地図からデジタル地図へと大きな転換が起こる。阪神・淡路大震災を契機として，行政にもGISを導入する動きが盛んになり，国土地理院からGISで扱える数値地図がCD-ROMなどの媒体で刊行された。その後も地図のデジタル化の動きは進み，2007年には地理空間情報活用推進基本法が制定されるに至った。この法律では，デジタルな地理情報を活用することにより，災害に強い国土の形成，質の高い暮らしの実現，新たなサービス・産業の創出などが目指されている。

　国土地理院では，2万5千分1地形図に代わる基本図として，デジタ

ルな地理情報である電子国土基本図の整備が2009年から進められている。電子国土基本図の整備により，国土地理院のWebサイト「地理院地図[注4)]」で地形図の内容を閲覧できるようになった。

2.　GISと測位システム

●地図がデジタル化されることの意味

　デジタルな地図を扱うGISが普及したことが，近年における地図を取り巻く環境の大きな変化である。もちろん，この変化は政府が作る地図だけではなく，カーナビやGoogleマップに代表されるようにさまざまなところで起きている[注5)]。カーナビやGoogleマップはGISとは名乗っていないが，まぎれもないGISの一種である。GISが普及したことによる，地図のデジタル化の意味について考えてみたい。

　地図のデジタル化とは，つまるところ，地理情報の記録と表現の分離である（若林 2018: 42-43）。従来の紙地図では，紙の上に地理情報が記号などのかたちで記載されるため，記録と表現は一体であった。一方のGISでは，地理情報がデジタル化されてハードディスクなどの記憶装置に記録され，必要に応じてパソコンの画面などに地図として表示される

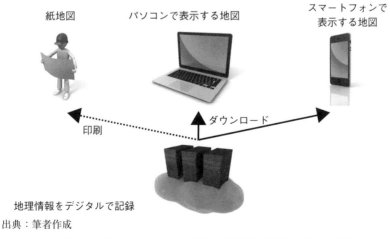

出典：筆者作成

図2-2　デジタル化による地理情報の記録と表現の分離

（図2-2）。

　記録と表現の分離により，同じデータから異なる表現をすることが容易になった。たとえばGISでは，パソコンやスマートフォンといった機器の画面の大きさに応じた範囲を表示したり，同じ機器でも地図の色や記号を変えて表示したりといった，多様な表現が簡単にできるのである。また，地理情報はあらかじめ数値のデータとして記録されているため，コンピュータによる分析が容易になったという点も見逃せない。地理情報を分析する手法については，本章の後半で紹介する。

●**地理情報とは**

　GISとは，その名の通り，地理情報を扱うシステムである。そのため，GISについて理解するには，地理情報とは何かを理解することが必要になる。地理情報とは，地上に存在する地物（駅，道路，土地利用，地形など）に関する情報であり，地物の位置に関する情報，および地物の属性に関する情報の二つから構成される（**図2-3**）。地物の位置情報を記録する形式には，ベクター形式とラスター形式の二つがある。さらにベクター形式は，記録する地物の形状により点・線・面の三つに分かれる。

　具体例として，江戸時代の城下町に起源を持つ，新潟県上越市高田付

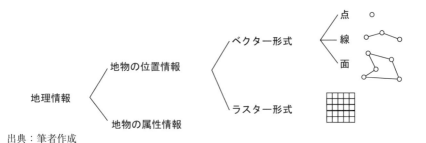

出典：筆者作成

図2-3　地理情報の構成

近の市街地をみてみよう。たとえば高田駅という地物は，ベクター形式
では点として，その位置を表すことができる（**図2-4a.**）。点の位置は経
度と緯度で記録すればよい。同様に，高田城三重櫓も点として表すこと
ができる。これらの点の属性としては，高田駅の場合は「駅」，高田城
三重櫓の場合は「城」といった情報をつけることもできる。GISでは，
これらの属性情報に応じて点の形の表現を変えることは容易にできる。
　ベクター形式では点のほかに，地物を線や面で表すこともできる。た
とえば，道路や鉄道路線は，線として表すのが適当であろう（**図2-4b.**）。
線の位置は，線を構成する複数の点の経緯度により記録する。ここでは

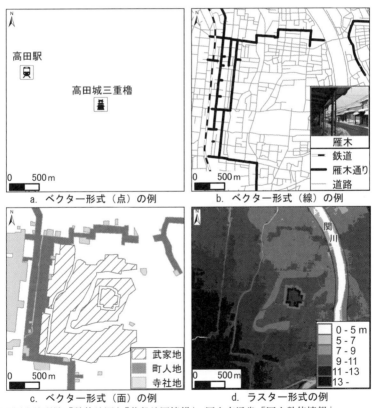

a. ベクター形式（点）の例　　　b. ベクター形式（線）の例

c. ベクター形式（面）の例　　　d. ラスター形式の例

出典：国土地理院「数値地図」「基盤地図情報」，国土交通省「国土数値情報」

図2-4　地理情報の記録形式

道路の属性として，雪国に特徴的な歩道の上に張り出した庇，雁木があるかないか，といった情報を加えた。また，商業地や住宅地といった土地利用は，一定の範囲に広がる地物であるため，面として表すのが適当である。面の位置を記録するには，面を構成する図形の頂点の経緯度を使う。ここでは江戸時代末期の土地利用を面で表し，面の属性として，武家地，町人地，寺社地といった情報を記録した（**図2-4c.**）。

　一方，ラスター形式は，セルと呼ばれる同じ大きさの長方形を，縦横の格子状に並べて地表を覆う方法である。ラスター形式では，左上隅セルの中心の経緯度と，セル一つの大きさ，および縦方向と横方向に並べたセルの数をそれぞれ記録しておく。各セルの位置を示す経緯度は，左上隅セルから，縦方向と横方向にそれぞれ何個分のセルだけ離れているか数えることによって，特定するのである。各セルには何らかの属性情報を記録することができ，たとえば属性として標高を記録すれば地形を表せる（**図2-4d.**）。ラスター形式は，地表をくまなく覆って，連続的に分布する地物の記録に使われることが多い。なお，飛行機や人工衛星から地上を撮影した画像も，ラスター形式の地理情報である。

●測位システム

　地理情報を構成する二つの情報のうち，位置情報と深く関わるのがGNSS（Global Navigation Satellite System：全球測位衛星システム）である。GNSSは，人工衛星を使って地球上の位置を特定するシステムの総称であり，アメリカ合衆国のGPSが有名である。GPSを構成する人工衛星は2020年時点で31機が運用されており，このうち最低4機からの電波を受信できれば，人工衛星からの距離を計測して位置を特定できる。

　GPSのほかのGNSSとして，ロシアによるGLONASS，EUによるGalileo，中国によるBeiDouなどのシステムがある。日本はGPSを補完

するQZSS（準天頂衛星システム, 愛称:みちびき）の整備を進めており,
2018年からは4機以上の人工衛星で運用されている。QZSSは, ほぼ真
上（準天頂）から人工衛星の電波が届くため, GPSだけでは電波の状況
が悪く誤差が大きくなるような高層ビル街のような地点でも, 精度良く
位置を特定することができる。

　GNSSはスマートフォンに実装され, 現在地の経緯度を特定する技術
が広く普及することになった。スマートフォンに実装されているほかの
測位システムとして, 携帯電話の基地局からの電波を使って現在地を特
定する測位システムや, 街中に存在するWi-Fiのアクセスポイントから
の電波を使って現在地を特定する測位システムなどがある。スマート
フォンには, これら複数の測位システムが実装されており, 現在地の経
緯度を特定してベクター形式の点データを記録することができるのであ
る。

3. スマートフォンにより記録される地理情報

●ユーザーが作成するインターネット上のデータ

　スマートフォンには測位システムが実装されて普及したため, 位置と
結びついたデータが記録される機会が増え, 大量の地理情報が蓄積され

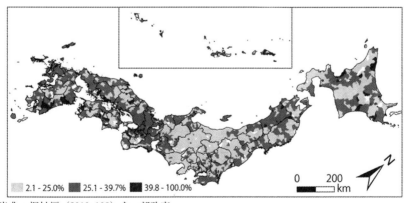

出典：桐村編（2019: 108）を一部改変

図2-5　「笑」という語を使うTwitterユーザーの割合

るようになった。たとえば，SNS（ソーシャルネットワーキングサービス）の中には，測位システムを利用するものがある。

SNSの一つであるTwitter（ツイッター）は，140文字以内という短い文「つぶやき」をインターネットに投稿するサービスであり，2006年にサービスが開始された。2020年時点で世界に約1億9千万人ものアクティブなユーザーがいる人気のSNSである。Twitterのユーザーがスマートフォンを使ってつぶやきを投稿する際には，スマートフォンに実装されている測位システムにより，つぶやきを投稿した地点の経緯度を付加することができる。これは，つぶやいた地点の位置と，つぶやきの内容や時刻といった属性を持つ，地理情報にほかならない。大量のつぶやきの中から，位置情報が付加されてインターネットで公開されているつぶやきを集めることで，いつ，どこで，どういった言葉でのつぶやきが多いのか，といったことを地図に表すことができる（**図2-5**; 桐村編2019）。

●大手携帯電話会社の業務データ

携帯電話の基地局を使って現在地を特定する測位システムについては先に紹介したが，このことを携帯電話会社の側からみると，自社のサービスを利用している人が，どこにどれくらいいるのかを判断できることになる。携帯電話がつながりにくくならないように基地局を整備するためには，携帯電話会社では，どの基地局にどれくらいの人数が，いつアクセスするかを知ることは重要である。この携帯電話会社が業務を進める上で収集するデータは，ユーザーを特定できないように匿名化された上，500mメッシュ[注6]の空間単位で1時間ごとに集計されて提供されている。これは，メッシュが位置を表し，メッシュの属性として1時間ごとの人数が記録された地理情報である。

　このデータを使って，東京周辺における時間帯別の人口分布を３Ｄ表示でみてみよう（**巻頭口絵②**）。平日の昼間は東京駅周辺の都心部のオフィス街に，大規模な人口のピークが存在する。その後，夕方になると新宿，渋谷，池袋といった繁華街が存在する副都心にピークが移る。休日の昼間は，平日とは異なる人口分布を示す。都心部にはさほど人が集まらない代わりに，副都心や郊外の町田，吉祥寺，立川といった都市にピークが存在する。また，大規模ショッピングセンターや，プロ野球チームの野球場にも小さいピークがあり，平日よりも人口が分散しているようである。

●大量の地理情報の蓄積

　測位システムを組み込んだスマートフォンの普及は，従来では考えられなかった大量の地理情報を生み出している。インターネット上には億単位のユーザーが日々投稿する地理情報があふれる一方で，企業には日々の業務を進める中で記録する地理情報が大量に蓄積されている。これらはその膨大な情報量から，ビッグデータともいわれている。さらに，国勢調査など既存の統計データも，デジタル化されてインターネット上に公開されるようになっている。これら大量の地理情報は，人文地理学の研究にどのような影響を与えているのだろうか。次節で検討する。

4. 地理情報の分析手法

●地理情報の探索的な分析

　すでに1980年代において，GISの普及と大量の地理情報の蓄積を踏まえて，新たな分析手法の必要性を訴えた地理学者がいた。イギリスの地理学者S.オープンショーである（Openshaw 1987）。以下，オープンショーによる当時の発表スライド[注7]を参考に，オープンショーが提案

した分析手法の背景にある考えを紹介する。

　オープンショーは，1980年代の当時においてさえ，すでに大量の地理情報が蓄積されていることを強調していた。しかし，大量の地理情報は地図化されるほかは大して分析されておらず，分析されるよりも何倍も早いスピードでデータが蓄積されていることが問題であった。そこで，大量の地理情報を分析する機会を増やすためには，初心者にも扱いやすい探索的空間データ分析（Exploratory Spatial Data Analysis）の手法開発が必要であるとされた。

　探索的な分析とは，まずデータがあり，そのデータを探ることでなんらかの傾向を見いだしていくという，言うなればボトムアップ型のアプローチを指す。仮説を検証するためにデータを集める，言うなればトップダウン型のアプローチとは逆のアプローチである。

　オープンショーはこのアプローチが必要な理由として，大量の地理情報を分析する人は検証すべき仮説を持っていない場合がほとんどであること，地理情報を分析する人の大半は学術的ではなく応用的・実践的な目的を持っていること，などを挙げている。また，探索的空間データ分析の手法は，コンピュータの高い計算能力を活かすこと，分析結果は地図として視覚的に表現すること，などが必要であるとされている。

　以上のオープンショーの考えには，現在の状況にも当てはまることが多く，先見の明を持った研究者であることに気付かされる。オープンショーは，大量のデータを分析する社会的なニーズの高まりに対して，応用的な側面を重視しつつ，地理学が貢献できることを考えているように思われる。その後オープンショーは，コンピュータの計算能力と大量の地理情報，およびそれらの組合せを活用する人工知能（Artificial Intelligence）の導入によって特徴付けられる，ジオコンピュテーションという新たな研究分野を提唱することになる（矢野 2005）。

● Geographical Analysis Machine

オープンショーが1980年代に開発した探索的空間データ分析の手法として，Geographical Analysis Machine（GAM）がある。GAMの概要を紹介して，上記のようなオープンショーの考えがどのように実現されているのかをみていこう。

GAMは，ベクター形式の点データの分布を対象として，点が有意に集積している地域を検出する分析手法である。GAMを使うと，特定の疾病の患者や，犯罪の発生が集中する地域を検出することができる。

GAMの大まかな計算の流れは以下の通りである。まず点が分布している対象地域をカバーするようにメッシュをかぶせ，そのメッシュのすべての交点に任意の大きさの円を置く。円の大きさは隣り合う円同士が重なるように設定する。そして，それぞれの円の中に入る点の数を数え

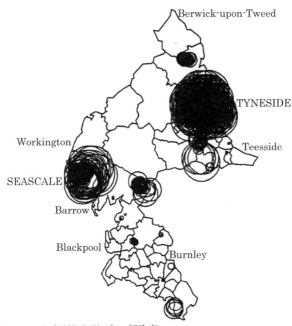

出典：Openshaw et al.（1987: 348）を一部改変

図2-6　GAMによるイングランド北・北東部における白血病患者の集中域の検出結果

る。次に，実際の点の数と同じ数の点を，対象地域内にランダムに分布するように発生させ，先ほどと同様にそれぞれの円の中に入る点の数を数える。このランダムな点分布を発生させて円の中に入る点の数を数える作業を，99〜999回繰り返す。これにより，ランダムな点分布と比べて，実際の点分布の方が有意に多くなる円を，点が集中する地域として検出する。さらに，円の大きさを順次大きくして上記の作業を繰り返す。

　上記のように，GAMはコンピュータで膨大な繰り返し計算を実行することが特徴である。一方で，GAMはソフトウェアとして提供されたため，それを使うユーザーは，円の大きさの増分や，ランダムな点分布の発生回数を決めるだけでよく，自分でプログラミングをする必要はない。GAMを白血病患者の集中域の検出に用いた分析事例では，それまでに知られていなかった患者の集中域を検出することに成功している（図2-6）。

●地理情報を分析するソフトウェア

　GAMの登場が一つの契機となり，1990年代以降，地理情報を分析するさまざまなソフトウェアが開発された。探索的空間データ分析のソフトウェアとしてはGeoDa[注8] が有名である。地理的な現象には，互いに近くにあるものは遠くのものよりも関係が強いという特徴があり，この空間的自己相関と呼ばれる特徴を踏まえて分析することが必要である。GeoDaには，地理情報の中にある空間的自己相関の程度を分析する手法などが実装されている。またMGWR[注9] というソフトウェアは，互いに近くで生じる現象の背後にあるプロセスは似ている，という性質を分析する手法，地理的加重回帰分析（中谷 2003）を実装している。

　これらのソフトウェアが開発されてきたことにより，地理情報を分析するハードルは下がってきている。ただし，これらの分析手法の多くは

地理的な現象を記述するにとどまっており，なぜそのような地理的な現象が生じるのかは分析できないという批判もある。この批判に答えるためには，時間軸を加えた時空間の分析手法を検討することも一つの方向性であるかもしれない。大量の地理情報を分析できる環境がある限り，今後もこの分野の研究は発展していくであろう。

≫注

1）迅速図は，農業環境技術研究所の Web サイト（https://habs.dc.affrc.go.jp/）で閲覧できる。

2）これらの旧版地形図の一部は，埼玉大学谷研究室の Web サイト，今昔マップ on the web（http://ktgis.net/kjmapw/）で閲覧できる。

3）http://chiri.es.tohoku.ac.jp/~gaihozu/

4）https://maps.gsi.go.jp/

5）誰でも無料でダウンロードして使うことができるフリーの GIS ソフトとして，MANDARA（谷 2018）や，QGIS（橋本 2017）があり，GIS の普及に貢献している。

6）緯度と経度に基づいて設定された格子状（四角形）の区画のこと。

7）リーズ大学 Web サイト（http://www.geog.leeds.ac.uk/presentations/）で閲覧できる。

8）https://geodacenter.github.io/

9）https://sgsup.asu.edu/sparc/multiscale-gwr

参考文献

- 織田武雄 1974. 『地図の歴史―日本篇』講談社.
- 川村博忠 2010. 『江戸幕府の日本地図―国絵図・城絵図・日本図』吉川弘文館.
- 桐村　喬編 2019. 『ツイッターの空間分析』古今書院.
- 金田章裕・上杉和央 2012. 『日本地図史』吉川弘文館.
- 建設省国土地理院監修, 測量・地図百年史編集委員会編 1970. 『測量・地図百年史』日本測量協会.
- 小林　茂 2011. 『外邦図―帝国日本のアジア地図』中央公論新社.
- 中谷友樹 2003. 空間的共変動分析. 杉浦芳夫編『地理空間分析』23-48. 朝倉書店.
- 谷　謙二 2018. 『フリー GIS ソフト MANDARA10 パーフェクトマスター』古今書院.
- 橋本雄一 2017. 『二訂版　QGIS の基本と防災活用』古今書院.
- 矢野桂司 2005. ジオコンピュテーション. 村山祐司編『地理情報システム』111-138. 朝倉書店.
- 若林芳樹 2018. 『地図の進化論―地理空間情報と人間の未来』創元社.
- Openshaw, S., Charlton, M., Wymer, C. and Craft, A. 1987. A Mark 1 Geographical Analysis Machine for the automated analysis of point data sets. *International Journal of Geographical Information Systems* 1: 335-358.

3 | 人間と環境をむすぶ文化の役割

佐藤　廉也

《本章の目標＆ポイント》　資源として利用するにせよ改変するにせよ，人間は文化を通して環境に関わる。したがって，人間・環境系へのアプローチには，人間と環境との間に介在する文化のはたらきを理解することが必須となる。ここでは，身の回りの自然環境に関する知識の獲得と，その背景にある日常の環境利用との関わりに対して，フィールドワークを通してアプローチする方法を紹介する。

《キーワード》　人間・環境系，文化，知識，生業，フィールドワーク

---

1. 文化と人間・環境系

●人間・環境系を媒介する文化

　自然に依存して暮らす狩猟採集民から現代の大都市の居住者まで，すべての人間は，文化を通して環境に関わる。小規模な狩猟採集社会の狩猟や採集，漁撈などの生業技術も，一人一人が独自に編み出したものではなく，社会の中で学習によって獲得・蓄積され継承されてきたもの，もしくはそれを必要に応じて改良したものである。その点において，建築・土木などの科学技術を用いて環境を改変する都市の生活と変わりはない。したがって，人間・環境系へのアプローチは，人間と環境との間をとりもつ文化の研究がその核となるといってもよい。

　19世紀イギリスの文化人類学者E.B.タイラーは，文化を「社会の成員としての個人によって獲得された知識，信仰，芸術，道徳，法，慣習や，

他のいろいろな能力や習慣を含む複雑な全体である」と定義している。すなわち，文化とは身の回りの環境に対する知識や，環境に働きかけるための技術を含め，その背景となる慣習・制度や，価値観など，人が後天的に獲得するほとんどすべてのコト（情報）であるといえる。このように広く定義され，つかみどころのない文化の研究は，下手をすると「なんでもあり」になってしまう。そのような結果に陥ることを避け，文化の研究を通して人間・環境系にアプローチするためには，研究戦略が必要となるだろう。

●人間と環境をむすぶ文化へのアプローチ

　文化を通して人間・環境系にアプローチする一つの方法は，環境への文化的適応に注目するものであろう。第1章で述べたように，人間は生

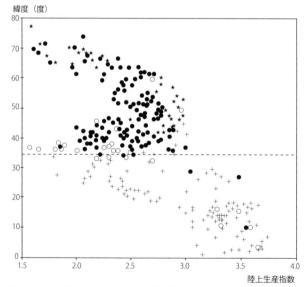

注：①＋：長期の貯蔵・備蓄がみられない狩猟採集民
　　②○：若干の長期備蓄がみられる狩猟採集民
　　③●：主要な食物を備蓄に頼る狩猟採集民
　　④★：大量に備蓄し，長期間備蓄の消費に頼る狩猟採集民
出典：Binford（2001）を一部改変

図3-1　狩猟採集民の居住緯度帯・環境容量・備蓄の有無の諸関係

物学的適応に加えて，地域環境に合わせた文化的な適応によって，地球上のさまざまな環境において生活様式を築き上げてきた。そのため，地域に継承されてきた伝統知識や技術は，環境への適応としての側面をもつことが少なくない。

　ここでは，狩猟採集民の生業技術を例に示す。**図3-1**は，民族誌などのかたちで詳しい生業の記録が残されている世界の狩猟採集民について，地理的位置および環境容量（ここでは生物生産量を指数化している）と生業の特徴を，特に収穫物の貯蔵技術の有無に注目してグラフに示したものである（Binford 2001）。ここから，およそ35度の緯度線を境に，貯蔵技術をもつか否かが明瞭に分かれていることがわかる。季節による寒暖の差が大きい中・高緯度地域では，回遊性の魚類や堅果類などを１年の特定の時期に大量に収穫し，必要に応じて加工を施して貯蔵し収穫の乏しい季節を過ごすことが多い。これに対して生物生産量が大きく，１年を通じて新鮮な食料が得られる低緯度地域では，腐敗のリスクにより肉などの保存が難しいことに加えて貯蔵をする必要性が乏しい。つまり，貯蔵技術の緯度による差異は環境への文化的な適応を示していると考えられる。なお，この図中の35度の緯度線は，日本列島を南北に分ける線でもあり，かつ縄文時代から日本列島において東西文化の明瞭な違いがあったことを思いおこせば，示唆に富むであろう。

　環境と文化の関係にせまるもう一つのアプローチは，社会の成員が獲得・継承する地域の環境に対する知識・技術に着目するものである。ローカルな集団の自然に関する知識や認識を研究する手法として，エスノサイエンスがある。エスノサイエンスの端緒として，フィリピンの農耕民ハヌノーに関するH.C.コンクリンの研究が知られる。それによれば，ハヌノーは身の回りに生息する1,625種類の植物を認識し，その大半について何らかの用途で利用していた。この研究によって，小規模な社会に

暮らす人々も，科学的知識をもつ文明社会と同様に，環境に対して旺盛な知的好奇心をもつことが明らかにされた。

　コンクリンの研究以降，世界各地でエスノサイエンス研究が蓄積されるとともに，ローカルな集団の知識を一枚岩的なものではなく，動態的にみることの必要性も指摘されるようになった。知識は集団に共有されるものである一方，一人一人が学習や模倣によって獲得し，それゆえに個人差が存在する。また，獲得される知識がある一方で，継承されることなく消えていく知識もあり，知識は時間とともに変容するものであることも忘れてはならない。こうした文化の動態的性質を念頭に，以下にエチオピアの森に暮らす人々の森に関する知識と生業との関係について，フィールドワークを通して明らかにする例を紹介する。

2. 森の知識の獲得と個人差

●エチオピアの森に暮らすマジャンギル

　エチオピアは高原の国として知られる。首都アジスアベバは平均標高が2,400mで，冷涼な高山気候である。しかし，エチオピアの国土全体を見ると，北東から南西に走る東アフリカ大地溝帯をはじめとして標高の低い地域も多く，北東部や東部の多くは乾燥気候，南スーダンやケニア国境に近い南西部はサバンナ疎開林，森林，乾燥地がモザイク状に分布する地域となっている。この南西部には，国全体で80以上の言語・民族があるとされる多民族国家のエチオピアでも特に数多くの小規模な民族集団が分布し，それぞれ多様な環境に適応した生活を営んでいる（**図3-2**）。

　エチオピア東部高原と低地の境界にあたる南西部では，南西からの季節風が東部高原に当たって大量の雨を降らせるため，広範囲に常緑・落葉混交林帯が分布している（鈴木 1969）。以下の事例研究の対象である少数民族のマジャンギルは，このエチオピア低地に広がる森を居住域と

し，森を伐り開いて小さな集落を形成し，焼畑，採集，狩猟などを行って
暮らしてきた。高地で農耕を営む民族や，サバンナで牧畜・農耕などを
営む民族に囲まれ，マジャンギルは自らが「森に住み，森に生かされる人」
であるというアイデンティティを形成・維持してきた（佐藤 2008）。

　実際，マジャンギルの日々の食材や，生活・生業に必要な道具類など
の物質文化は，ほとんどが森から得られるものである。中でも，焼畑の
伐採などに必要な鉄製品と，石製の製粉具類，煮炊きや食器に使われる
土器類，衣類・靴などの購入品を除く物質文化は，すべて森や集落の周
囲の植物を素材としたものである。2000年代以降，エチオピア高地から
の移民との混住化によって生活は大きく変化したが，食や生業，物質文
化における森への依存度の大きさは変わっていない。

　マジャンギルの人々が身の回りの環境に対してどのような知識をもっ
ているかを調べるため，筆者はまず集落やそれをとりまく焼畑二次林，
森にみられる269種の野生植物を採集し，人々にその名前や利用法を尋
ねた。その結果，すべての野生植物には名前がつけられており，そのう

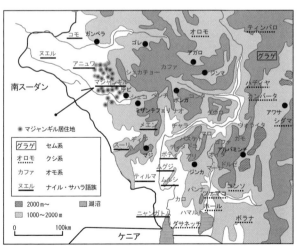

注：凡例の囲みの中は言語グループを示し，セム系，クシ系，オモ系はすべてアフロ＝ア
　　ジア語族に属する。
出典：佐藤（2008）に掲載の図を一部改変

図3-2　エチオピア南西部の標高帯と民族分布

ち176種（65.4％）は何らかの用途をもつ有用植物で，さらにその約3分の2は複数の用途をもっていることがわかった（佐藤 2014a）。主な用途は，食用，建築材，生業具，燃料，薬用，蜂蜜の蜜源などである。人々は，個々の植物を認知して名付け，各部位の性質や有用性を理解し，日々の生活や生業に利用しているのである。

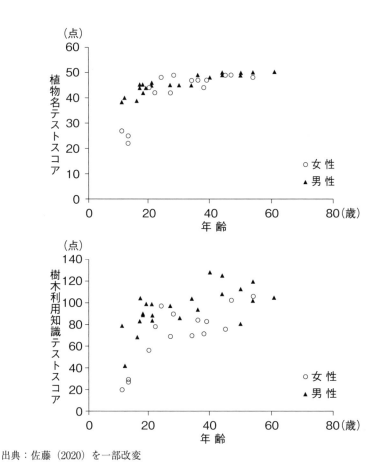

出典：佐藤（2020）を一部改変

図3-3 植物名（上）・樹木利用知識（下）テストスコアの性・年齢別分布

●**森の知識を測る**

　マジャンギルの森の植物に関する知識は，社会の成員にどの程度共有
されているのだろうか。森の知識は，子どもが大人になるプロセスの中
で，どのように獲得されるのだろうか。また，森の知識の獲得は，日々
の暮らしや生業活動とどのように結びついているのだろうか。

　知識の個人差を定量的に把握するために，筆者はさまざまな年齢の男
女に対して知識量を測るテストを実施することにした。11歳から61歳ま
での男女38人に被験者になってもらい，まず，50種のサンプル植物を無
作為に選び，「名前を知っているか」を尋ねた（植物名テスト）。続いて，
50種のうちから24種の樹木を抜き出し，その一つ一つに対してどのよう
な利用法があるかを知っているだけ挙げてもらい，それぞれスコアを集
計した（樹木利用知識テスト）。

　各自の合計スコアと年齢との関係を散布図にすると，**図3-3**のように
なった。植物名テストの結果をみるとまず，10歳代を通して急速に知識
の量が増え，20歳になるまでに大半の植物名を習得することがわかる。
さらに，20歳以降にも年齢を経るにしたがって緩やかに知識量は上昇し
てゆく傾向がある。樹木利用知識の結果からは同様の結果に加えて，合
計スコアに有意な男女差がみとめられた。

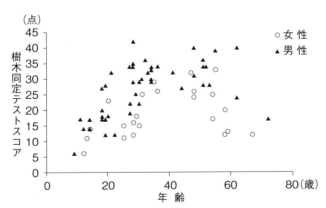

出典：佐藤（2020）を一部改変

図3-4　樹木同定テストスコアの性別・年齢別分布

　二つのテスト結果の集計・分析が終わった後，筆者は樹木知識に関するもう一つのテストを実施した。そのきっかけは，フィールドワーク中のある「発見」であった。マジャンギルの友人とともに森の中を歩いている時，枯れた木の根の一部が地上に出ていた。友人はそれをみて，山刀で少し削り取ると，その樹木名を筆者に教えてくれたのである。いったい，どうやってこのようなわずかな断片から樹木名を特定することができるのだろう？　もしかすると，樹木名や利用法を尋ねるだけでは測れない「深い知識」があるのではないだろうか？

　そう考えた筆者は，その友人に頼んで，森の中に生えている26種の樹木を選んでその一部分（根や枝の一部，幼木の樹幹など）を10cm程度の断片に切り取ってもらい，それを村に持ち帰った。そして9歳から62歳までの男女に対して，断片から樹木名を言い当ててもらう「樹木同定テスト」を実施した。第1章で述べたように，人文地理学のフィールドワークの目的は主に二つある。一つはあらかじめ設定した仮説に基づいて，観察・観測によってデータを集めることで，もう一つは，机上では気付くことのできない問題そのものを現地で発見することである。樹木同定テストの実施にいたる経緯は後者の一例である。

　樹木同定テストの結果は**図3-4**の通りで，以前の二つのテストとは異なる傾向が表れた。10歳代の急速な知識の獲得や有意な男女差があることは同様だが，樹木同定テストでは大人になった後も40歳前後までスコアは年齢とともに上昇する結果になった。逆に，40歳代以降では，スコアは年齢と負の相関を示した。この結果が示唆するのは，この種の知識の獲得には単に名前や利用法を知ること以上の熟練が必要であることと，知識を獲得することのみならず，維持することも容易ではないということである。

3. 知識の獲得・維持と生業活動

●生業の時空間

　前節でみたテストの結果が何を意味しているのかを考えるために，生業と環境との関係についてみた上で，テストの結果について再び考えてみたい。マジャンギルの生業は男女の分業によって行われる。焼畑の管理やその収穫物の加工・調理などを主に女性が担う一方で，男性は森で行われる採集・狩猟・漁撈や木工道具製作などの仕事を担当する。

　年間を通じて，調理を含む生業活動にどれだけの時間を費やすのかを示したのが**図3-5**である。カロリー摂取という点からみれば，マジャンギルの食料の大部分は焼畑農耕によって供給される。しかし，生業に費やす仕事時間は必ずしもカロリー供給量とは対応しない。焼畑の伐採と火入れは主に男性が行うが，播種以降，除草や収穫，調理にいたるまで女性の仕事である。このため，女性の仕事時間の多くは焼畑や収穫物の加工・調理に関連して費やされる。一方，男性の主な仕事時間は，採集・狩猟に費やされる。これらは森で行われる生業である。たとえば狩猟は，森に罠を仕掛けてイノシシ類などを獲るものだが，単に獲った動物を仕

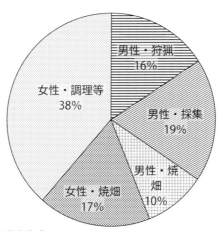

出典：現地調査により筆者作成

図3-5　マジャンギルの性別生業時間配分

留めるだけでなく，頻繁に仕掛けた罠を見回りしなくてはならないため，多くの時間をする。

　男性が森で行う生業の中でも特に重要なのは蜂蜜採集である。蜂蜜は定期市で売ることができるため，主な現金収入源であり，結婚の際に妻方の親族に支払う多額の現金（婚資）を準備するためにも必須の生業である。この蜂蜜採集は，樹木の幹をくりぬいた円筒状の巣箱を高木の樹冠近くの枝上に固定し，野生のアフリカミツバチが営巣した後に，ハチの活動が鈍くなる夜間に樹上に登って素手で蜜を取り出すものである。命綱もなく，事故のリスクがあるばかりでなく，蜜源に近い設置場所の特定など，高度な知識と技術が必要であり，さらに定期的にメンテナンスをしないと巣箱は地上に落下してしまうため，費やす仕事時間も多い。

　分業や男女の生業時間は，日々の活動空間にも反映される。これを確認するため，さまざまな年齢の男女にGPSロガーを装着していただき，1日の活動場所の記録を収集した。**巻頭口絵③**は，その軌跡を衛星画像上に示したものである。成人男性の多くは森に出かけ，罠の見回りや家屋の建築のための木材採取，巣箱の点検などをしていた。成人女性は集落内や焼畑での活動が多いが，野草採集のために森に入っていた60歳代の女性もいた。ある14歳の男性は，コーヒー豆を採集するために集落から離れた森の奥に出かけており，10歳代半ばになると生業活動への貢献度が増してくることも確認できる。

●生業活動がささえる森の知識

　ここでもう一度テストの結果に戻り，知識の個人差の背景について考えてみよう。筆者はまず，樹木利用知識として挙げられた個々の用途を，「集落や畑で行われる生業に関する知識」と「森で行われる生業に関する知識」の二つに分類し，テストのスコアを男女別に集計しなおした（**図**

3-6の右側）。その結果，後者の集落・畑の生業では男女差がみとめられ
ないのに対して，森の生業では男性のスコアが有意に高いことがわかっ
た。森で行われる生業に関する知識は具体的には，蜂蜜採集の蜜源とな
る樹木に関する知識であるとか，巣箱やロープなど，蜂蜜採集に必要な
道具製作に関わる知識，狩猟の罠の仕掛けに必要な知識などである。集

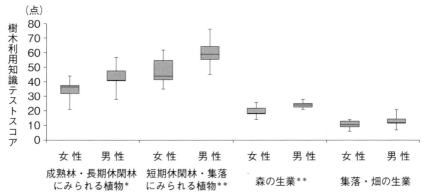

注：図中のアスタリスクは性差に関するWilcoxonの順位和検定結果を示している。＊：
　　p<0.05，＊＊：p<0.01。箱の上端，下端，中央線はそれぞれ第3・第1四分位数と中央
　　値を，ひげの上端，下端はそれぞれ最大値と最小値を示す。
出典：佐藤（2020）を一部改変

**図3-6　樹木の生育場所，利用場所，性別からみた成人の樹木利用知識テスト
　　　　スコア分布**

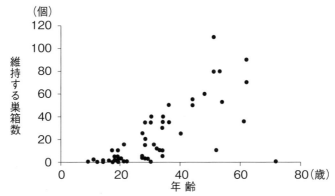

出典：佐藤（2020）を一部改変

図3-7　蜂蜜採集巣箱の維持数と年齢の関係

落周辺にはみられず，成熟林にしかみられない樹木も少なくない。一方，家屋の建築は男性の仕事だが，集落内で行われる生業に含まれる，建築材に関する知識の男女差はほとんどみられなかった。テストのスコアの男女差の背景には，森で行われる生業の知識が大きく関わっていることがこれらの結果から示唆される。

　次に，マジャンギルの男性に，その時点で巣箱をいくつ仕掛けているかを尋ねた（**図3-7**）。マジャンギルの男性たちは「婚資を準備して結婚するためには，30以上の巣箱をもたないといけない」という。しかし，**図3-7**からわかるのは，20歳を過ぎてもほとんど巣箱を仕掛けていない人も珍しくなく，30歳を過ぎる頃にようやく30程度の巣箱を維持できるようになる男性が多いことである。そして，50歳を過ぎると，今度は維持する巣箱が減少する傾向にあった。この原因は，蜂蜜採集が高度な身体能力を必要とする活動でもあり，体力の衰えにしたがって高齢男性は徐々に蜂蜜採集活動から引退していかざるを得ないためである。

　蜂蜜採集活動と樹木知識との関係をさらにみてみよう。**図3-8**は，樹木同定テストのスコアが低かった男性とそうでない男性にグループ分けし，維持する巣箱との関係をみたものである。テストのスコアと維持す

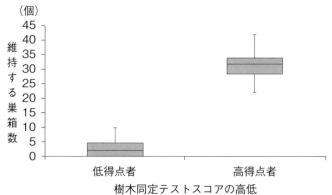

注：樹木同定テストのスコアが20点以下であった被験者を低得点者，それ以上を高得点者とした。
出典：佐藤（2020）を一部改変

図3-8　樹木同定テストスコアと蜂蜜採集巣箱維持数の関係

る巣箱数との関係は明瞭である。断片から樹木名を言い当てるような「深い知識」は，日々森に出かけ，高度な仕事を行う生業活動によって維持されているのである。

4. 環境と文化の継承

●環境との関わり方によって変わる生涯パターン

　年齢と知識量との関係をみることから，マジャンギルは10歳代の間に急激に知識を増やすことがわかった。思春期に体の成長とともに大人になるために必要な大量の知識を蓄えることは，自然に依存して暮らす小規模社会でも現代都市で暮らす私たちでも変わりはなく，人間の普遍的な特徴であると考えられる。その一方，マジャンギルの男性は，家庭をもつために必要な蜂蜜採集などの高度の生業知識・技術を，20歳になった後にもゆっくりと時間をかけて獲得する。周辺の定住農耕民などに比べ，マジャンギルの結婚年齢が比較的高いことがわかっているが（佐藤2014b)，そのことは生業技術の習得にかかる時間が長いことと関係があると考えられる。

　マジャンギルの子どもたちの知識・技術の習得は，6歳前後から始ま

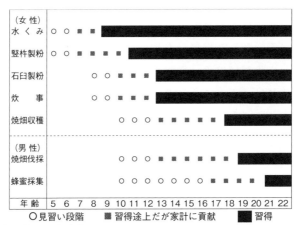

出典：佐藤（2020）を一部改変

図3-9　生業の習得プロセス

る（**図3-9**）。水くみや薪運びのような簡単な仕事から始める一方，蜂蜜採集の巣箱に似せた木の棒を低木の枝に仕掛ける「蜂蜜採集ごっこ」をしたり，父親について森に出かけ，森で遊びながら木の名前を覚え始めたりするのもこの頃からである。多くの生業技術については20歳前後までには習得するが，焼畑の伐採や収穫作業，蜂蜜採集など，高度な知識・技術を必要とする活動についてはその頃はまだ半人前で，20歳代を通じても学習は続く。

　成長，結婚，出産などの生涯のイベントの連なり・時間配分（タイミング）は，生物学では生活史と呼ばれる。生物種は固有の生活史をもつが，人間の生活史は文化によって異なることが指摘されている。文化によって異なる生活史は，その集団の成員がどのタイミングで大人に必要な知識や技術を身につけ，結婚・出産し，子どもの養育を含め家計に貢献するようになるかという「大人のなり方」に深く関わっている（スプレイグ 2002; Kramer 2005a）。たとえば，大型動物の狩猟を主な生業とするパラグアイの狩猟採集民アチェでは，マジャンギルの蜂蜜採集と同様に，狩猟の技術の習得に時間がかかり，大人になるまでに多くの時間がかかる（Kaplan et al. 2000）。一方，メキシコの農耕民マヤは，子どもは10歳代からさまざまな面で仕事の手伝いをして家計に貢献するようになり，アチェに比べると大人になるのが早い（Kramer 2005b）。多くの人が大学に入学し，20歳以降も知識の習得に時間を費やす現代日本人は，生活史からみればアチェやマジャンギルの例に近いといえるかもしれない。いずれにせよ，こうした生活史の多様性は環境との関わり方によって形成されているといえる。

●人類遺産としての森の知識

　マジャンギルは森に関する知識を日々の活動の中で文化として獲得・継承し、その知識を駆使することによって森に働きかけてきた。同時に、森はマジャンギルの生業を通した働きかけを受けながら生物多様性の豊かな森として維持されてきたことも、最後に確認しておきたい。

　マジャンギルが暮らすエチオピア南西部の森は、「マジャンの森」として2017年にユネスコ生物圏保存地区（エコパーク）に登録された。エコパークは、地域に生息する貴重な動植物や生態系の保全をめざすと同時に、それらの生態系の中での人間の持続可能な暮らしを促すために指定されるものである。マジャンの森は、人間活動から孤立して維持されてきたのではなく、マジャンギルの人々が長い間焼畑、採集、狩猟などの生業を通じた森への働きかけを行う中で、人為の影響を受けつつ維持されてきた。マジャンギルの森の知識は、森との共生の知恵が集積され結晶したものであるともいえるのである。森の知識はエコパークの一部であり、簡単に失われてしまいかねない貴重な人類遺産であることを忘れてはならないだろう。

参考文献

- 飯沼二郎 1985. 『農業革命の研究』農山漁村文化協会.
- 佐藤廉也 2008. マジャン―森に棲み，森に生かされる人びと. 福井勝義・竹沢尚一郎編『講座ファースト・ピープルズ第5巻』111-126. 明石書店.
- 佐藤廉也 2014a. エチオピア南西部の森林農耕民マジャンギルの植物利用と認知. 地球社会統合科学 21: 1-28.
- 佐藤廉也 2014b. 森棲みの焼畑民が大人になるまで―エチオピア森林焼畑民の生業と生活史. 池口明子・佐藤廉也編『ネイチャー・アンド・ソサエティ研究　第3巻　身体と生存の文化生態』203-224. 海青社.
- 佐藤廉也 2020. 森の知識は生涯を通じていかに獲得されるのか―エチオピア南西部の焼畑民における植物知識の性・年齢差. 地理学評論 93: 351-371.
- 鈴木秀夫 1969. 『高地民族の国エチオピア』古今書院.
- スプレイグ，D. 2002. 『サルの生涯，ヒトの生涯―人生設計の生物学』京都大学学術出版会.
- レヴィ＝ストロース，C. 著，大橋保夫訳 1976. 『野生の思考』みすず書房. Lévi-Straus, C. 1962. *La pensée sauvage*. Paris: Librairie Plon.
- Binford, L.R. 2001. *Constructing frames of reference: An analytical method for archaeological theory building using ethnographic and environmental data sets*. Oakland: University of California Press.
- Conklin, H.C. 1954. *The relation of Hanunóo culture to the plant world*. Ph.D. dissertation, Department of Anthropology, Yale University.
- Kaplan, H.K., Hill, K., Lancaster, J. and Hurtado, A.M. 2000. A theory of human life history evolution: Diet, intelligence and longevity. *Evolutionary Anthropology* 9: 156-185.
- Kramer, K.L. 2005a. Children's help and the pace of reproduction: Cooperative breeding in humans. *Evolutionary Anthropology* 14: 224-237.
- Kramer, K.L. 2005b. *Maya children: Helpers at the farm*. Cambridge: Harvard University Press.

4 | 環境への文化的な適応としての焼畑

佐藤　廉也

《**本章の目標＆ポイント**》　熱帯湿潤地域はバイオマス生産量が大きく，とりわけ植物の繁殖力が旺盛である。熱帯湿潤地域で広く行われてきた焼畑は，熱帯湿潤環境のもつこれらの特徴に深く関連している。この章では，焼畑が温暖で湿潤な地域に高度の文化的適応を遂げた農法であることを学ぶとともに，巷にいわれるように焼畑が熱帯林減少の原因なのかをデータに基づいて考える。

《**キーワード**》　焼畑，熱帯林，文化的適応，GIS，エチオピア

1. 環境への文化的適応としての農耕技術

　第3章でみたような環境への文化的適応は，農耕技術においても明瞭に表れる。まず，フランスの地理学者E.ド＝マルトンヌの考案した乾燥指数をもとに，世界の農耕技術の環境適応としての側面をみておこう（**図4-1**）。この図は，世界各地の伝統的な農耕が，地域の自然環境の特徴に適応するかたちで発展したことを明瞭に示している。よく誤解されるように，焼畑農耕が原初的な農耕で，ヨーロッパの混合農業が発展した農耕形態なのではなく，前者は高温多湿な気候下で，後者は夏冬を通じて一定の降水が得られる西岸海洋性気候のような地域で，それぞれ固有の地域環境に適応するかたちで発展した農耕形態なのである。こうして，それぞれの地域では，環境に適応するとともに必要に応じて環境を改変し，特徴的な地域の農耕景観をつくりあげてきた。

焼畑や水田稲作が行われる地域の多くは，森林が卓越する地域でもある。森林は，熱帯から冷帯まで世界に分布し，そのタイプは気候条件によって多様である。中でも1年を通して気温が高く，降水量も多い熱帯地域では，純一次生産力（光合成によって生産される有機物の生産力）とバイオマス生産量がきわめて高いこと，そして生物多様性に富むことが特色である。熱帯地域の植生はその降雨パターンによって異なり，乾季の短い高温多湿の地域では熱帯多雨林が形成される一方，乾季の明瞭なサバンナ気候下では疎開林と草原が入り混じった植生となる。

純一次生産力が高いということは，植物の生産量が大きいということを意味する。したがって，熱帯多雨林の卓越する湿潤熱帯地域は，農業のキャパシティが高い地域でもある。湿潤熱帯地域のうち，水文・地形的な条件によって灌漑が容易な地域の多くでは水田稲作が卓越し，そうでない地域では焼畑（移動耕作）か，もしくは同じ土地で毎年耕作を行う常畑農耕が営まれる。焼畑と常畑のどちらが卓越するかには，地形的要因もあるが，熱帯の農業分布をみると，より降雨量の多い地域では焼

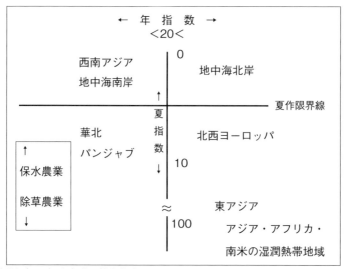

出典：飯沼（1985）を参考に筆者作成

図4-1　マルトンヌの乾燥指数に基づく農耕技術の地域分類

畑が，降雨量が相対的に少ない地域では常畑が卓越しているようにみえる（百瀬 2010）。これはなぜだろうか。

水田稲作，焼畑，常畑は，それぞれ温帯地域にも分布している農耕形態である。マクロスケールでみると，年降水量が比較的少ない地域や，地中海性気候区のような，高温の夏には乾燥し，冬に雨量の多い地域では常畑が卓越する。一方，年降水量の多い地域や，高温の夏に降雨量の多い地域では水稲耕作や焼畑が営まれている。水田稲作は熱帯と同様に，灌漑に適した地形条件下でみられる。このように，焼畑や常畑はそれぞれに適した環境条件が存在するようにみえる。本章では，焼畑に適した環境条件は何か，という問題をまず考えてみたい。

焼畑というと，熱帯林減少の主要因というマイナスのイメージをもつ人が多い。焼畑が原始的な農法であるというイメージとあいまって，焼畑は水田稲作や常畑に転換されるべきものという意見も聞かれる。こうした見方は，果たして正しいのだろうか。この問題を検証するためには，焼畑に適した環境条件を理解するとともに，実際に焼畑が森林減少を引き起こしているかどうかを，実証的に確かめる必要がある。

2. 焼畑とはどういう農耕か

●焼畑の農法的特徴

福井（1983）は，「焼畑とは，ある土地の現存植生を伐採・焼却等の方法を用いることによって整地し，作物栽培を短期間おこなった後放棄し，自然の遷移によりその土地を回復させる休閑期間をへて再度利用する，循環的な農耕である」と定義づけている。ここに簡潔に表現されているように，焼畑と常畑との違いは，焼畑が耕作期間よりも長い休閑期間をもつことであり，休閑の目的は自然の植生遷移によって，再び耕作するまでの間に土地を回復させることである。焼畑は無秩序に森林を伐

り開いていく略奪農法だという誤解があるが，そうではなく，焼畑も常畑と同様，同じ土地を繰り返し利用することを前提としている。

　土地の回復とは，何を意味しているのだろうか。よく強調されるのが地力，すなわち作物の生育に必要なミネラルの回復で，雨水や休閑中に繁茂した植物によって固定され，土壌に供給される。しかし焼畑にとってより重要なのは，こうした土壌の養分を一定期間の休閑によって回復させるよりもむしろ，休閑中の植生遷移によって雑草を死滅させることである。実際，ボルネオ島で行われている多数の焼畑を調査したO. メルツらは，「休閑期間は焼畑の収量との相関はなく，持続性を評価するための指標としては使えない」と結論している（Mertz et al. 2008）。

　高温多湿の気候下では，雑草の繁殖力が強い。森を伐採して畑を開くと，太陽光の届かない森の林床では繁殖できなかったイネ科の草本類が侵入し，やがて作物と競合する。イネ科草本類のうち，まず種子の散布力の強い一年生草本が優占し，さらに時間が経つと，チガヤに代表されるようなより競争力の強い多年生草本に入れ替わる。これらの雑草を放置すると収穫に重大な影響を与えることになるため，除草剤を用いるのでなければ，犂（すき）などの畜力を用いるか，人の手で除草しなければならない。こうして時間と労力を犠牲にして除草をしながら耕作を続けるのが常畑で，除草をあきらめて休閑させるのが焼畑であるということができる（百瀬 2010）。

　焼畑が休閑に入ると，植生遷移によって樹木が林冠を覆い，太陽光が遮断され，やがてイネ科雑草は死滅する。雑草が死滅するまでに必要な休閑年数は，遷移のタイプによってさまざまである。たとえば休閑後に竹が優占する場所や，次節で紹介するエチオピアの森林のように，キク科の灌木が短時間で林冠を覆うような場所では，焼畑はわずか数年の休閑で十分に持続させることができる。

　ここまでくると，焼畑がよく誤解されるように技術的に遅れた農業なのではなく，植物の繁殖力が旺盛な地域に高度に適応した農耕技術であることが理解できるだろう。焼畑が高温多湿な地域に広くみられるのは，上に述べたように雑草の繁殖力がきわめて旺盛な環境において，手間をかけずに雑草を排除する最良の方法だからである。M.ダブ（Dove 1985）は，熱帯の水田稲作と焼畑の生産性を比較し，土地当たりの生産性は水田稲作が高いものの，単位労働時間当たりの収量でみれば焼畑が水田稲作を上回っていると指摘している。したがって第3章でみたように，焼畑民の多くは焼畑を専業としているのではなく，生業活動時間の多くを採集や狩猟などに振り向けている。そして，焼畑二次林は成熟林とともにさまざまな森林産物を採集する重要な場所であることも見逃せない（横山 2017）。植生遷移のプロセスとしてみると，焼畑とは，森林生態系が本来もっている植生遷移のダイナミクスに人間が介入して，それが「森にもどる」過程において有用な資源を引き出すものである，ということができる（四方 2013）。

　これに対して常畑は気温がより低く，降水量が少ない地域でみられる。ムギ類の常畑農耕が世界で初めて成立したとされる西アジアは，栽培化に適したイネ科・マメ科などの野生一年生草本類が多く分布する。そして，高温の夏には乾燥するため雑草の除去は大きな問題ではなく，野生の植物群落をコントロールすることによって容易に有用植物を栽培化することができた。一方，高温多湿の夏に農耕を行う東南アジアや西南日本などのモンスーンアジアは，氾濫原や灌漑の可能な低地で水田稲作を行うとともに，山間地では焼畑が広く行われていた。このように，水田稲作，焼畑，常畑は，それぞれ異なる環境に対して適応した農耕技術なのであって，焼畑が技術的に遅れており，水田稲作や常畑がより進歩した農耕であるという考えは間違っているのである。

　では，焼畑が熱帯林減少の主要因だという主張の真偽はどうだろうか。実は，焼畑が熱帯林減少の直接の原因となっていることを示すはっきりとした資料はほとんどない。本章の第4節でみるように，十分な根拠に基づかない推測によって焼畑が熱帯林破壊の主因とされ，俗説として広まったのである。しかし，伐採と休閑によって遷移を繰り返す焼畑が，森林に長期的にどのような影響を与えるかという問いに答えるには，実際に焼畑と森林の動態を追跡する実証的な事例研究が不可欠である。次節では，エチオピア南西部の森林地域で焼畑に従事してきたマジャンギルの人々を事例として，フィールドデータとGISの分析の事例を通してその答えをさぐってみたい。

3. 焼畑と熱帯林の動態

●GISとフィールドワークによる焼畑立地と長期動態の復原

　第3章で紹介したエチオピア南西部の森に住むマジャンギルの人々は，1970年代までエチオピア国家の直接的な統治を受けることなく，森の中で自立した生活をしてきた。その頃の集落は数世帯程度の小規模なものであり，集落を開き住居をつくると，集落に隣接した森を伐採して焼畑を行い，同時に森で採集・狩猟をしながら暮らしてきた。当時の集落は，数年から数十年の間に放棄され，放棄後は別の場所に移住することがしばしばで，放棄された集落は焼畑二次林と同じように徐々に森林化していった。しかし1974年にエチオピアに社会主義政権が誕生すると，縁辺地域で暮らしていた少数民族に対して定住化政策を実施し，マジャンギルはその政策を受容し定住村に住むようになった。

　まず，過去にマジャンギルの集落が森の中にどのように立地してきたのかをみてみたい。筆者は，マジャンギルの人々に対して，地形図を前にしてこれまで自分がどこに住み，どのように移住をしてきたのか，移

住の理由は何か，そしてその場所がどこにあるのか，集落のあった場所やその周辺の地名とともに聞取りをし，多くの場所は実際に訪れその位置を確認し，GPSで記録した。過去に集落が開かれた場所は，しばしば原生林のあった場所を初めて開拓した人の名前とともに語られる。あまり古い開拓の記憶は忘れられるため，その起源まで遡ることは難しいが，年配者たちの記憶から，聞取りを実施した2000年頃の時点では，イタリア占領期の1930年代頃まで遡ることが可能であった。

　こうして聞取りによって明らかになった集落跡の分布が**図**4-2で，1930年代以前に開拓された場所か，それともそれ以降に原生林を伐り開いた場所かを区別し表示している。これをみると，新しく開かれた場所よりもむしろ1930年代以前にすでに開かれていた場所が多いことがわか

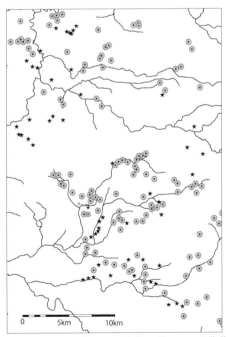

注：⊙記号は1930年代以前に遡って開拓された記憶が残っている集落跡，★印は1930年以降に開拓されたという記憶のみが残っている集落跡を示す。
出典：現地調査などにより筆者作成

図4-2　過去に集落が立地した場所の分布と土地の履歴

る。

　一方，筆者は森林植生や焼畑の様子を詳しくみるために，1967年に米軍によって撮影された空中写真を用いて，当時集落および焼畑があった場所と，焼畑休閑林と推定される二次林，および長期的に伐採されていないと判断できる成熟林を，実体視鏡を用いた空中写真判読によって区分した。二次林と成熟林との境界を写真判読によって正確に定めることは難しいが，筆者は成熟林に優占する高木に注目し，写真が撮影された12月にこれらの花が開花していることに着目して，土地被覆の分類を行った。

　図4-2をみて気づくもう一つのことは，集落跡の分布が均質ではなく偏りがみられることである。特に，河川沿いに集中的に集落が開かれてきたようにみえる。マジャンギルが住む森は白ナイル川の水源地帯で，河川の多くは水深が1mに満たない小さな水流だが，これらの小さな河川が彼らの生活用水の供給源となっている。定住化する以前のマジャンギルは，住居の周りを伐り開いて焼畑にしたため，この集落分布の偏りは，すなわち焼畑の分布の特徴を示すものとみなすことができる。この点を確かめるために，GISを用いて河川から500mおよび1kmのバッファをとり，集落や焼畑分布との関係をみた（**巻頭口絵④**）。バッファとは，GISのもつ空間分析機能の一つで，点や線，面データから一定の距離にある範囲を抽出する方法である。この事例では，河川の線データからの2種類の距離のバッファを作成した。

　巻頭口絵④からは，集落，焼畑，そして二次林の多くが川から1kmの範囲に収まっていることがわかる。**表4-1**は，**巻頭口絵④**のデータからGISで演算を行い，1967年の時点において，成熟林，二次林，焼畑・集落のそれぞれについて川からのバッファと重複する面積を算出することによって，それぞれの土地利用・土地被覆が川とどのような距離関係

表4-1　川からのバッファと植生カテゴリーの関係（1967年）

土地のカテゴリー	面　積（m²）	％
焼畑／水系500m 以内	8,595,885	57.7
焼畑／水系1,000m 以内	12,364,746	83.0
焼畑／水系1,000m 以遠	2,533,954	17.0
二次林／水系500m 以内	87,105,996	54.2
二次林／水系1,000m 以内	123,444,591	76.7
二次林／水系1,000m 以遠	37,491,293	23.3
成熟林／水系500m 以内	20,618,696	13.9
成熟林／水系1,000m 以内	50,732,257	34.2
成熟林／水系1,000m 以遠	97,428,563	65.8

出典：GISを用いて筆者作成

にあるかを表したものである。その結果，集落・焼畑の80％以上が川から1km以内の場所に立地していることがわかった。ここから，マジャンギルの人々は森林を無秩序に開拓して焼畑を拡大しているのではなく，一定の範域の中で移住を繰り返しており，その結果川に近い場所の多くが人の手の加わった二次林である一方，その外側には成熟林が広く残されていることが推測できる。

　次に，定住化を経てマジャンギルの焼畑と森林との関係がどのように変わったのかをみてみたい。筆者は，上に述べた空中写真による集落・焼畑分布の復原に加えて，1984年の写真測量によって作成された5万分の1地形図と，2009年のSPOT衛星画像を用いて，それぞれの時期の集落・焼畑の分布を復原し，GIS上で面データ化した（**巻頭口絵⑤**）。このうち1967年と2009年の面積を計測し，植生帯別に示したものが**表4-2**

表4-2 川からのバッファと植生カテゴリーの関係（経年変化）

年次 / カテゴリー	面　積（m²）	％
1967年 / 焼畑 / 水系500m以内	8,595,885	57.7
1967年 / 焼畑 / 水系1,000m以内	12,364,746	83.0
1967年 / 焼畑 / 水系1,000m以遠	2,533,954	17.0
2009年 / 焼畑 / 水系500m以内	21,081,798	52.2
2009年 / 焼畑 / 水系1,000m以内	34,106,177	84.5
2009年 / 焼畑 / 水系1,000m以遠	6,250,944	15.5

出典：GISを用いて筆者作成

である。定住化を経て，集落の分布パターンは小規模な集落が薄く広く分布する状態から，少数の大規模集落へと大きく変わった。しかしながら，集落や焼畑が分布する範囲には大きな変化はなかった。定住化を経た後も焼畑を続けるマジャンギルは，彼らの住み場所である森に大きな影響を与えることなく暮らし続けているということができる。しかし一方で，1999年に政府の仲介によって高地からの移民がマジャンギルの村に移住して以来混住化が始まり，2000年代半ばには道路が整備されて自動車が村まで入れるようになると，さまざまな変化が生じ，外部からの影響によって森林減少のリスクが生じるようにもなっている。

●移住と定住の要因

　先に述べたように，定住化する前のマジャンギルは，同じ場所に長期間定住するのではなく，頻繁に集落を放棄して移住を繰り返していた。熱帯林で焼畑を行う人々の間ではこのような集落パターンがしばしばみられる。この理由については，焼畑の土地の不足が原因であるという見解もみられ，焼畑が森林を蚕食する資源利用形態であるという主張にも

つながっているようにみえる。このような考え方は果たして正しいのだろうか。

筆者は前述のように，集落跡の復原調査に際して，過去に起こった集落移動の理由を人々から聞き取り，記録した。集落放棄の理由が必ずしも明らかでないケースも多いが，複数の証言によって放棄理由を確定できると判断されたものをまとめたのが**図4-3**である。

最も多いのは，呪術師（霊媒師）の死に伴うものであった。マジャンギルの間には，精霊と交信を行うことができるとされる呪術師がいて，災いをもたらす精霊をコントロールすることによって，人々を病気や暴力から守ることができると信じられていた。能力が高いという評判のある呪術師のもとには，信奉者が集まり比較的大きな集落が形成された。しかし，呪術師が亡くなると，逆に人々は災いを恐れてその場を逃れ，集落が放棄されることがしばしばあった。「呪い」を理由とする集落放棄のケースも，同じ精霊信仰と関連するものである。

その他の理由も，集団どうしの紛争など，社会の不安定な構造に起因するものである。土地の不足が原因になって集落移動が行われるケースは1件もなかった。これに関連して，文化人類学者のR.L.カーネイロは，南米で焼畑を行う社会の事例から，焼畑の人口扶養力を計算し，少なく

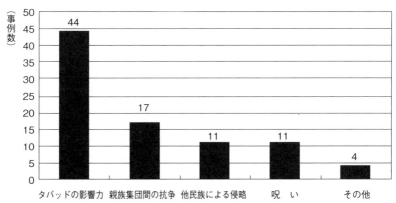

出典：佐藤（2011）を一部改変

図4-3　集落放棄の理由

とも一つの村に500人が住むことが可能であるにもかかわらず，実際の
集落がそれよりもずっと小規模なものであることを指摘し，それが社会
的な理由によるものであると述べている（Carneiro 1960）。焼畑を行う
人々はしばしば国家の統治の及ばない辺境に住んでおり，それが焼畑の
集落の移動性の高さにつながっていた。いずれにせよ，そのような時代
にも，また国家の統治下に組み込まれ定住化した後にも，焼畑が森林を
圧迫し熱帯林の減少を引き起こしているという手がかりは見いだせな
い。

4. 熱帯林減少の要因

　焼畑が熱帯林減少の主原因であるという誤解は，いつどのようにして
拡散したのだろうか。焼畑が原始的な農業であるという考え方は古くま
で遡ると思われるが，熱帯林減少との関係で焼畑が注目されるように
なったのは，1972年に出版されたローマクラブ『成長の限界』（メドウ
ズほか 1972）に典型的に表れているように，世界の産業の成長と人口
増加が進み，資源の枯渇への懸念と地球環境問題が注目を浴びた1970年
代から1980年代にかけての時期であろう。

　1982年にFAO（国連食糧農業機関）によって発行された『熱帯林の
資源』という報告書の中には，熱帯林減少の原因について，具体的な根
拠を示さないままに「熱帯林減少の原因のおよそ45％は焼畑に帰せられ
得る」という記述がみられる（Lanly 1982）。1980年代には，このほか
地球環境の危機的状況を強調するいくつかの報告書が出版されている
が，焼畑に関して具体的な根拠を示すことなく熱帯雨林に与える負の影
響を強調している点で共通性がみられる（アメリカ合衆国政府 1980;
OECD 1987）。LANDSATが1970年代初頭に打ち上げられ，衛星データ
を用いた広域モニタリングもこの頃から始まったものの，その精度はき

わめて不十分なものであった。人口増加と食糧増産の必要性から過剰な開墾へというきわめて単純なロジックによって焼畑を地球環境問題に結びつけたのである。

　こうして，焼畑が地球環境問題との関連で注目を浴びるに至ると，熱帯林減少がどこで，どのような原因で起こっているのかを検証するミクロスケール，メソスケールの事例研究が数多く行われるようになった。地理学者のH.J.ガイストら（Geist and Lambin 2002）は，これらの事例研究のうち定量的な根拠に基づいて152の論文から熱帯林減少の原因を検討した結果，1980年代までに流行していた「人口増加と焼畑が原因」であるとする仮説は誤りで，真の原因は地域の文脈によって多様であるとしながらも，熱帯林減少の多くはプランテーションをはじめとする永年耕作される農地の拡大や木材搬出，道路インフラ建設などの組合せによって引き起こされていることを明らかにした。実際にアフリカや東南アジアにおいて湿潤熱帯地域を広く歩くと，焼畑が商品作物栽培に置き換わっていく現象が広くみられる。そうした地域では除草剤と化学肥料の使用によって，焼畑が永年耕作畑に置き換えられている。その一方で，焼畑が今でも行われている地域では，森林が良く残されているところが多い（増野 2013）。こうした研究の進展と呼応して，定期的に刊行されているFAOの森林資源評価報告書でも，焼畑と熱帯林減少を結びつける記述は次第にみられなくなっていった。

　実証的な研究の積み重ねによって，焼畑が熱帯林減少の主要因であるという仮説は衰退していったが，いったん世界に広まった誤解が正確な知識に置き換わるのは難しい。インターネットで検索してみると，「熱帯林減少の45％は焼畑が原因」という，1982年のFAO報告書を引用したとみられる記述がいまだに目につく。また，伝統的な焼畑が持続性の高いものであるとする一方で，「非伝統的な焼畑」が熱帯林を破壊して

いると記述する例も非常に多くみられる。後者が何を指すのかに注意してみると，開拓民などが農地を開墾する際に，伐採した植物を処理するために火を入れることを意味していることが多い。しかし，このような火入れによる地ごしらえを焼畑と呼ぶならば，プランテーション農園などもすべて焼畑ということになってしまい，言葉の混乱に際限がなくなってしまう。焼畑という呼称が森を焼くイメージにつながり，森林破壊のイメージへと結びついているならば，英語名称（shifting cultivation）と同じように，移動耕作と呼び変えた方が良いのかもしれない。実際，湿潤熱帯地域では火入れを伴わない焼畑も各地でみられ，「焼くこと」が焼畑の必須の要素ではないのである（佐藤 2011）。

　こうした混乱は高等学校の地理教科書にもみられ，誤解の拡散に一役買っている。筆者が2011年に発行され教育現場で使用された14の教科書の焼畑記述を調査したところ，その大半は「技術的に遅れた農法」「熱帯林破壊の原因」「近年の人口増加などによって休閑の短縮が起こり，破壊的な農業に変わった」などの，事実に基づかない偏見を含んだ記述であった（佐藤 2017）。

　本章では焼畑を一例としてみてきたが，環境問題に関わる言説には，事実に基づかないセンセーショナルなものが多い。フィールドワークと地理情報による経験的な研究を志向する地理学は，環境問題をめぐるこうした誤解について批判的な眼を持ち，何が根拠になっているのかを冷静に判断し，定量的な分析によって実態を明らかにし，誤りを正していく役割が求められているのである。

参考文献

- アメリカ合衆国政府, 逸見謙三・立花一雄監訳 1980. 『西暦 2000 年の地球 1・2』家の光協会. U.S. Government 1981. *The global 2000 report to the President: Entering the twenty-first century, v1-3.* washington, D.C.: U.S. Government Printing Office.
- 佐藤廉也 2011. アフリカから焼畑を再考する. 原田信夫・鞍田 崇編『焼畑の環境学—いま焼畑とは』427-455. 思文閣出版.
- 佐藤廉也 2017. 高校地理教科書における焼畑記述—誤解の拡散とその背景. 待兼山論叢（日本学編）50: 1-20.
- 四方 篝 2013. 『焼畑の潜在力—アフリカ熱帯林の農業生態誌』昭和堂.
- 福井勝義 1983. 焼畑の普遍性と進化—民俗生態学的視点から. 大林太良編『日本民俗文化大系第 5 巻 山民と海人—非平地民の生活と伝承』235-274. 小学館.
- 増野高司 2013. アジアの焼畑. 片岡 樹・シンジルト・山田仁史編『アジアの人類学』107-151. 春風社.
- メドウズ, D.H.・メドウズ, D.L.・ラーンダズ, J.・ベアランズ三世, W.W.著, 大来佐武郎監訳 1972. 『成長の限界』ダイヤモンド社. Meadows, D.H., Meadows, D.L., Randers, J. and Behrens III, W.W. 1972. *The limits to growth: A report for the Club of Rome's project on the predicament of mankind.* New York: New American Library.
- 百瀬邦泰 2010. 焼畑を行うための条件. 農耕の技術と文化 27: 1-20.
- 横山 智 2017. 新たな価値付けが求められる焼畑. 山本信人・井上 真編『東南アジア地域研究入門 I 環境』91-112. 慶應義塾大学出版会.
- Carneiro, R.L. 1960. Slash-and-burn agriculture: A closer look at its implications for settlement patterns. In *Men and cultures: Selected papers of the fifth International Congress of Anthropological and Ethnological Sciences,* ed. A.F.C. Wallace, 229-234. Philadelphia: The University of Pennsylvania Press.
- Dove, M.R. 1985. The agroecological mythology of the Javanese and the political economy of Indonesia. *Indonesia* 39: 1-36.
- Geist, H.J. and Lambin, E.F. 2002. Proximate causes and underlying driving forces of tropical deforestation. *BioScience* 143: 143-150.

- Lanly, J.P. 1982. *Tropical forest resources*. FAO paper no. 30. Rome: FAO.
- Mertz, O. et al. 2008. A fresh look at shifting cultivation: Fallow length an uncertain indicator of productivity. *Agricultural Systems* 96: 75-84.
- OECD (The World Commission of Environment and Development) 1987. *Our common future*. Oxford: Oxford University Press.

5 | 熱帯林の開発と環境問題

祖田　亮次

《本章の目標＆ポイント》　プランテーションの歴史的背景を踏まえた上で，東南アジアで拡大するアブラヤシ栽培がどのような問題をもたらしているかを考察する。マレーシア・サラワク州を事例として，企業によるプランテーション開発と先住民による小規模栽培との関係性に留意しながら，モザイク景観の創出と維持の重要性について検討する。
《キーワード》　アブラヤシ，プランテーション，先住民，マレーシア・サラワク州，モザイク景観

1. プランテーションとは何か

　「コロンブス交換」（Crosby 1972）という言葉がある。一つの文化が他の文化と交渉を持つとき，植物，動物，道具，人間（奴隷を含む），病原体，思考など，さまざまなものが「交換」される。こうした交換が世界的に活発化した重要なきっかけとして，コロンブスによる「新大陸の発見」がある。特に，新旧大陸間での植物の交換は，その後の世界全体の歴史に大きな影響を与えることになった。たとえば，アメリカ大陸原産のジャガイモやトウモロコシは「新大陸からの贈り物」と呼ばれ，18世紀にはヨーロッパ各地で主食あるいは主食の代用となり，人口の増大をもたらした（川島 2020）。一方，ヨーロッパからはサトウキビや小麦などがアメリカ大陸に持ち込まれ，中でもサトウキビはプランテーション作物として，その後，熱帯・亜熱帯地域を中心に急速に世界に広

まった（山本 2017）。

　プランテーションとは，主に熱帯・亜熱帯地域において，商業的かつ大規模に単一作物の栽培を行うことをいう。サトウキビ以外にも，バナナやカカオ，コーヒー，茶，天然ゴム（栽培ゴム），綿，タバコなどが，プランテーション作物として知られている。これらの作物が世界各地で大規模に栽培されるようになったのは，まさにコロンブス交換以降のこと，つまり，大航海時代から植民地時代にかけてのことであった。

　プランテーション経営は効率的に利益を生み出す手段となったが，それは大量の労働力を必要とするものでもあった。農園付近でその労働力を調達できない場合は，ほかの地域からの労働力移動に依存するしかない。それは，奴隷貿易や移民契約労働といったシステムを作り上げる契機にもなった。つまり，プランテーションというのは，ヨーロッパ勢力による植民地支配がもたらした，新しい農業生産の形態であったといえる。

　プランテーション拡大の背景には，植物園の存在も重要であった。たとえば東南アジア島嶼部でいえば，植民地期にゴム・プランテーションが成功したが，それにはシンガポールの植物園が重要な役割を果たした。

　東南アジアの天然林にはゴム状樹脂が採れる各種の野生樹種が自生しており，現地住民はそれらを古くから採取・加工していた。そうした「野生ゴム」は植民地時代の一時期，通信用の海底ケーブルを被覆する絶縁体の材料として重宝され，高値で売れた。その後1876年に，南米原産のゴムノキがイギリス，スリランカを経由してシンガポールに持ち込まれた。シンガポール植物園でプラテーションに適したゴムノキの栽培・樹液採取方法が考案され，それが東南アジアに一気に広がったのが19世紀末であった。それ以降，東南アジア島嶼部は天然ゴムの主産地となった。当時，天然ゴムは自動車用タイヤの原料として需要が高まっており，大

量生産・大量消費の象徴となりつつあった自動車産業の発展に重要な貢
献を果たした。

　ゴム・プランテーションでも多くの労働者を必要とした。しかし，奴
隷貿易はすでに19世紀半ばにおいてヨーロッパ各国で禁止されていたの
で，マレー半島のゴム・プランテーションでは，インド南部からの移民
労働者が活用された。今でもマレーシアやシンガポールの人口のうちイ
ンド人比率が一定程度を占めているのは，植民地期におけるゴム・プラ
ンテーション拡大の影響が大きい。

　植民地期のマレー半島におけるプランテーションの経営陣はほとんど
イギリス人で占められていたように（水島 1998），主に宗主国の経営者
が大規模なプランテーションを築き，そこにインド南部から大量の労働
力を導入し，輸出用産品を生産・販売することで得られる利益は，植民
地経営の根幹をなしていた。その意味で，プランテーションは植民地的
産業の象徴であった。

　20世紀半ば以降に，化学工業品としての合成ゴムが普及するようにな
り，1960年代以降，天然ゴム（栽培ゴム）の価格は暴落したが，世界的
には天然ゴムの生産量・輸出量は現在に至るまで増加し続けてきた（加
納 2010）。しかし，それを上回る勢いで，1970年代以降の東南アジアで
は，アブラヤシ栽培が台頭してきた。

　加納（2010）はそれを東南アジアにおけるプランテーション産業の「脱
植民地化」と表現している。加納によれば，ゴムとアブラヤシの違いは
次の点にある。ゴム・プランテーションは植民地期の経営を引き継ぐか
たちで，独立後は政府系機関あるいは国有企業が中心となり経営を拡大
した。一方，アブラヤシに関しては，独立後に私企業が中心となってプ
ランテーション開発が進められた。こうした点が「脱植民地化」と評価
されているものと思われる。

しかし，アブラヤシ・プランテーションの拡大は，熱帯雨林減少の主要因として国際環境NGOなどからしばしば批判されてきた。次節では，アブラヤシ栽培の展開過程とその問題点についてみてみよう。

2. アブラヤシ・プランテーションのフロンティア

●アブラヤシ・プランテーションの拡大

　植物油脂は，ダイズやナタネ，ゴマ，トウモロコシ，ココヤシなどから採ることができるが，現在，世界で最も生産されている植物油脂はアブラヤシから採れるパーム油である。では，パーム油は何に使われているのだろうか。その用途は非常に多岐にわたり，チョコレートやマーガリン，ラクトアイス，洗剤，石鹸，化粧品などの原料となっているほか，インスタントラーメンやスナック菓子の揚げ油としても利用されている。また，最近はバイオ燃料としても注目されつつあり，今後も需要は拡大していくと予想される。

　アブラヤシの原産地は西アフリカである。それが，植民地期にスマトラ島やマレー半島に持ち込まれ，1970年代以降，東南アジアにおけるプランテーション作物として急速に普及していった（**図5-1**）。2019年の時

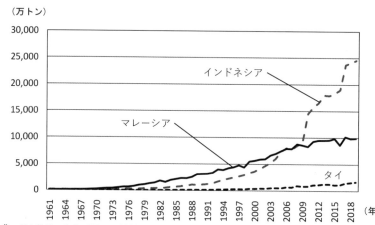

出典：FAO Statistical Data 2021

図5-1　主要生産国におけるパーム油生産推移

点で，パーム油の生産量は，インドネシアが１位，マレーシアが２位，タイが３位となっており，これらの国々で世界の生産量の88％を占めている。

　以下では，2000年代以降にアブラヤシの栽培面積が急拡大しているマレーシア・サラワク州（ボルネオ島北西部：**図5-2**参照）を中心に，現状と課題をみてみることにしよう。

　マレーシアでは，1970年代から，半島部とボルネオ島のサバ州においてアブラヤシ栽培が徐々に拡大し始めた。一方，マレーシアで最も面積が大きいサラワク州（以下，サラワク）では，1990年代まで天然林を伐採して得られる木材が主要な輸出用資源であり，サバ州や半島各州と比較してアブラヤシ・プランテーションの開発は遅れていた。しかし，1980年代末から，森林伐採による環境破壊が問題であるとして国際的非難を受けるようになり，また，天然木材資源の減少も手伝って，1990年代から木材産業が斜陽化した。そのためサラワクは，州の主要な財源であった木材産業に代わる新たな外貨獲得手段として，アブラヤシ・プランテーションの開発を重視するようになった。

　さらに，1990年代以降，半島やサバ州の開発適地が飽和状態に近づく

注：マレーシアの島嶼部のみ州境と州名を示している。
出典：筆者作成

図5-2　サラワク州の位置

中で，マレーシアにおける最後のプランテーション開発フロンティアとしてサラワクが注目されるようになった（Soda et al. 2015）。こうして2000年代以降は，サラワクがアブラヤシ関連産業拡大の主要な舞台となってきた。

　サラワク州政府は2005年の時点で，「2020年目標」として，アブラヤシの栽培面積を州内100万haまで拡大することを宣言した。しかし，それも2011年にあっさりと達成し，現在の面積は約180万haにまで拡大している。これは，マレーシア全体の中でも，サバ州を抜いて最大となっている。

　このように，サラワク州政府にとっても，マレーシア連邦政府にとっても，いまやアブラヤシ栽培とその関連産業（搾油，精油，流通，加工）は経済的に非常に重要な意味を持っており，外貨獲得手段としてなくてはならない産業にまで成長した。

●プランテーションの拡大によって引き起こされる問題

　アブラヤシ・プランテーションは各方面から厳しく批判されてきた。では，何が問題とされてきたのであろうか。これまで指摘されてきた問題点は，環境の問題，土地収奪の問題，労働者の人権の問題など，非常に多岐にわたる。

　たとえば，環境面に関わる問題だけでも多種多様である。大量の農薬や化学肥料による土壌汚染，それらの河川への流出による水質汚濁，整地の際の火入れ（違法行為）と周辺の森林への延焼問題，泥炭地開発による森林火災の危険性の増大，また，森林火災にともなう広範囲にわたる煙害などが挙げられる。大規模な天然林の伐採は，熱帯雨林の急激な減少につながるだけでなく，大量の温室効果ガスの排出や生物多様性の喪失も問題視されている（石丸 2018; 蒲原ほか 2010）。

　現地住民にとっては，土地権の問題がより深刻である。マレー半島では，ゴム農園をアブラヤシ栽培に転換することが多かったが，サラワクにおいては，天然林（天然生林を含む）や焼畑休閑林を皆伐してアブラヤシを植えることが多い。これらの森林は，プランテーションを開発する企業や，それを認可するサラワク州政府からみれば，「使われていない土地（idle land）」である。内陸の天然林や休閑林は，現在に至るまで測量も登記もされていないところがほとんどで，そうした土地はサラワク州の土地法においては「州有地」とされている。

　しかし，そうした森林の多くは，先住民が焼畑や狩猟採集の場として利用してきたものである。先住民の慣習法では，それは個人や家族の「占有地」，あるいは村の「共同利用地」とみなされうる。そうした森林が大規模に開発されてしまうと，先住民の側からすれば，自分たちの生活の糧としてきた土地が奪われ，勝手に開発が進められたという意識を強く持つことになる。このような認識の齟齬から，各地で土地をめぐる争いが頻発し，訴訟にまで至るケースは2012年の段階で200件を超えていた（SACCESS 2012）。

　こうした事例をみると，内陸先住民たちは，環境や土地権の面においてなすすべもない被害者と映るかもしれない。しかし，生活の場であった森林から追いやられるばかりでは必ずしもなく，21世紀に入ってからアブラヤシ栽培を始める人々も現れ始めたのである。それでは，内陸の土地利用や景観はどのように変化し，先住民たちはどのように対応してきたのであろうか。次節以降でみてみよう。

3. サラワク先住民のアブラヤシ栽培

●サラワクの内陸先住民

　アブラヤシはプランテーション優位の作物と考えられてきた（加藤・

祖田 2012)。その理由としては，アブラヤシの果房は収穫後24時間以内に搾油しないと品質が劣化してしまうので，搾油工場に運ぶための道路輸送網が整備されている必要があること，搾油工場を経営するには最低3,000ha（東京都渋谷区の約2倍の面積）の農園が必要とされており，企業的な大規模農園の存在が不可欠であることなどが挙げられる。

　しかし，近年では，小農的なアブラヤシ栽培も増加の一途をたどっており，焼畑や狩猟採集を主要な生業としてきた内陸先住民の間でも，アブラヤシ栽培が広がっている。本節では，こうした先住民によるアブラヤシ栽培がどのような意味を持つのかを考察してみよう。

　ボルネオ島は東南アジア島嶼部の中央に位置する。この地域はモンスーンの影響を受けるが，大陸部と比較すると雨季と乾季の差が不明瞭で，年間を通して降雨がみられる。熱帯雨林気候が卓越する高温多湿の世界で，世界有数の生物多様性を持つとされている。そうした環境において，内陸先住民の多くは移動式焼畑によってコメなどの栽培を行ってきた。その栽培方法は環境適合的で，しかも，きわめて労働効率の高い農業形態と評価されている（百瀬 2010; 本書第4章参照）。それは，農作業の「時間」や土地という「空間」に縛られない生業のあり方といってよい。

　農作業以外の時間は，都市に出稼ぎに行くこともあるが，村周辺の河川で漁撈を行ったり，森林で狩猟採集を行ったりすることが多い。ボルネオ島の熱帯雨林には，多種多様な森林資源が存在する。内陸先住民たちは，古くから多様な森林産物を産出し，河川舟運を利用した交易を通じて，それらを域外市場へ提供してきた。たとえば，先述の野生ゴムのほか，チョコレートや化粧品の原料となる油脂が採れるエンカバン（フタバガキ科樹種）の種子や，家具・工芸品の材料となるラタン（籐），ニスや塗料，接着剤として利用されるダマール樹脂などは，19世紀後半

以降，イギリスを中心にヨーロッパ市場に提供されていた。一方，線香の材料や香道の香木として使われる沈香や，高級食材として知られるツバメの巣などは，ヨーロッパ諸国がボルネオ島に勢力を伸ばす以前から，シンガポールや香港を経由し，中国や西アジアなどに輸出されていた。

　つまり，ボルネオ島の内陸先住民は，都市や市場から隔絶された「辺境」で孤立した自給自足の生活を送ってきたというわけではなく，数百年前からグローバル市場と接続していたのである。時代によって，場所によって，それらの森林産物の「売れ筋」は大きく変化してきた。人々は，その時々で森林資源の経済的価値が変動しうることを知っており，時機に合わせた資源抽出の選択をしてきたのである。それはある意味，機会主義的な資源の利用であったといえる。

　数百年来交易に携わってきた人々が，域外市場の動向に鈍感であるはずがない。20世紀に入ってからは，焼畑や狩猟採集を続けながらも，天然ゴム（栽培ゴム）を導入したり，コショウやカカオの栽培を試みたりもしてきた。そして21世紀になって，アブラヤシ栽培に乗り出す人々が現れるようになった。

●内陸先住民によるアブラヤシ栽培

　ボルネオ島の内陸部の移動は舟運に依存することが多く，内陸先住民の村落の多くは河川沿いに立地してきた。しかし，近年サラワクではアブラヤシ栽培を行うために，道路沿いに個人移転あるいは集落移転する事例も数多くみられるようになっている。また，先住民から少量の果房を買い集め，企業の搾油工場へと運搬するブローカーも現れ始めた。特に，アブラヤシの価格が高騰した2007〜2008年頃から，内陸先住民による小農的栽培が増加し始めたのである。

　ただ，先住民たちがアブラヤシを植える理由はそればかりではない。

アブラヤシ・プランテーションが拡大している地域においては，住民と企業との間で土地権をめぐる争いが頻発している。内陸の森林は測量も登記もされていないところがほとんどで，それは，企業や政府からみれば，利用されていない州有地であり，開発の対象になりうる。しかし，内陸先住民からすれば，そこはいずれ焼畑に再利用しうる焼畑休閑林であったり，狩猟採集を行う天然林であったり，墓地などを含む聖地であったりして，現在も利用している森林である。

そうした場所が村人に対して事前の通知がないまま開発される事例も数多く発生している。村人としては，「土地を奪われる」くらいなら自分たちで永年性の植物であるアブラヤシを植えて「既得権益」を主張したほうが良いと判断し，収穫目的というよりは，土地占有権確保のためにアブラヤシを植える人たちも少なくない。場合によっては，世帯内労働力では明らかに収穫しきれない本数のアブラヤシを植えたり，道路のない場所に植えたりすることもある。

企業と内陸先住民の間での「アブラヤシ植栽合戦」のような状況が今後も続けば，サラワクの内陸の森林は加速度的に減少する可能性もある。そうなると，内陸の村落の生活基盤であった森林が壊滅的なダメージを受けかねない。こうした土地利用の急激な変化をどう調整するかが，いま問われている。

1990年代後半以降，サラワクにおけるアブラヤシ・プランテーションの拡大は，国際環境NGOなどにより，厳しく非難されてきた。しかし，すでにサラワクにおいて重要な産業となっており，また，内陸先住民にとっても現金獲得手段として重要性を持ち始めている。こうした現状において，アブラヤシ栽培の全否定はすでに困難な状況である。だとすれば，どこまでなら開発可能なのか，その閾値はどのあたりにあるのか，これらの点を考えるべき段階に来ている。次節では，それを考えるため

の事例を挙げた上で，アブラヤシをめぐる近年の動きを紹介したい。

4. モザイク景観の創出と維持

●X村の事例

　ここでは，サラワクの中でも先進的に小農的アブラヤシ栽培を始めた内陸先住民のX村（43世帯）における土地利用をみてみよう。この村は，サラワク北部のクムナ川流域に位置している。村の西側と南側には企業のアブラヤシ・プランテーションが隣接しており，アブラヤシの果房や搾油後のパーム原油を輸送するための未舗装道路が，村の領域内を通っている（**巻頭口絵⑥**）。

　この村の人々が独自にアブラヤシ栽培を始めたのは2004年のことである。それまでは，この村でも主要な生業は焼畑陸稲栽培であった。村人たちは世帯ごとに数haの休閑林を伐り開いてコメを栽培し，収穫後はその土地を再び休閑させることが多かったが，2004年以降は収穫後の焼畑跡地にアブラヤシを植え始めた。基本的には道路沿いに畑を作ることが多いが，村の西側にやや偏って植えられている部分もある。これは，西隣のプランテーションが村の領域まで侵入してくることを懸念したためだという。

　この村は周辺村落からは，アブラヤシ栽培の盛んな村として知られていたが，2013年時点で，村域全体のうちアブラヤシ面積は26.9％を占める程度である。これ以上植栽しても，現在の村内労働力では収穫しきれない。その他の土地利用としては，若い休閑林や古い休閑林が多くを占め，一部天然林が残っている。

　この村では2015年の時点においても狩猟活動が行われていた。西と南にアブラヤシ・プランテーションが隣接しているが，北東側には似たような生業形態の村が複数存在しており，モザイク的な景観が広がってい

る。こうした環境においては，狩猟活動も成立しうるということである。

X村では，アブラヤシが拡大し収穫作業で忙しくなったことを理由に，最近は焼畑陸稲栽培を大幅に縮小しているが，休閑林はまだ豊富に残っているので，アブラヤシの価格が暴落したとしても，いつでも焼畑陸稲栽培を再開できると考えている。さらに，そうしたリスクに備えて，いくつかの世帯は樹液量の多い新品種のゴムノキを植え始めている。

このように，異なる植生が分布する「モザイク景観」を維持している限りにおいては，従来的な生業と新しい栽培作物アブラヤシとの共存は可能になると思われる。

●村落景観と狩猟活動との関係

前項で一村落の事例を紹介したが，もう少し空間スケールを拡大して植生状況と狩猟活動との関係をみてみよう。X村を含む近隣の34村落において，植生・土地利用状況と狩猟活動との関係性について行った調査の結果，アブラヤシやアカシアのプランテーションが卓越する地域においては狩猟で得られる哺乳類の頭数は非常に限定的だが，アブラヤシと休閑林・天然林の混合植生がみられる地域においては，天然林の卓越する地域と同等かそれ以上の狩猟頭数を得ていることがわかった（Kato and Samejima 2020）。

サラワクにおいても「開発によって動物や魚が減った」という村人の言説は頻繁に耳にする。ただ，そのような場所で聞取り調査をしていると，時に意外な答えが返ってくることがある。その代表的なものとして「イノシシやヤマアラシがアブラヤシの実を食べにプランテーションにやってくるので狩猟が楽になった」という説明がある。こうした説明は，混合植生の卓越する地域で聞かれることが多い。

イノシシは早朝や日中に行動することが多いが，プランテーション内

で地面に落ちたアブラヤシの実を食べるため夜間にやってくることがある。日中は労働者が作業をしているので近寄らず，夜間に侵入することが多いという。つまり，休閑林や天然林をねぐらとしつつ，夜間にプランテーションで採餌活動を行うということである。

イノシシ猟は通常，日中に森の中を歩き足跡や糞を頼りに獲物を探すが，プランテーション周辺の村では，夜間にプランテーションの縁辺部で待ち伏せして狩猟を行うようになったという。また，現在は銃猟が中心となっているが，プランテーションにやってくる獲物を狙って罠猟を復活させた村もある。つまり，植生景観の変化によってイノシシの行動範囲・時間が変化してきており，それと同時に村人もその狩猟パターンを変えてきているということである。

いずれにせよ，いくつかの植生がモザイク状に存在している限りにおいては，焼畑や狩猟採集活動も従来と遜色ない程度に維持しうると考えられる。

先述したように，プランテーションにせよ，小農的栽培にせよ，アブラヤシの全否定はすでに困難である。むしろ，村落というミクロスケールの地域においても，複数村落やプランテーションを含むメソスケールの地域においても，バランスの取れたモザイク景観を創出・維持することで，従来型の生業を行いつつ，新しい商品作物を導入して現金収入の機会を確保する可能性が見出される。そのバランスとはどのようなものか，現場のフィールド調査を蓄積することで，一定の解を見つけ出すことが可能になるだろう。

5. 認証制度と今後のゆくえ

サラワクの内陸先住民は，1990年代以降，アブラヤシ・プランテーションの拡大に翻弄されてきたが，近年になって自らアブラヤシ栽培を導入

し，一定の現金収入を得るようになってきた。プランテーションをめぐる環境の問題や土地紛争の問題が軽減されたわけではけっしてないが，内陸先住民のアブラヤシ産業への参入は，プランテーションと小農的栽培の適切なバランスを考える契機を与えつつある。最後に，近年話題になっている認証制度に触れておきたい。

　ヨーロッパでは，マレーシアやインドネシアにおけるアブラヤシ・プランテーションを問題視する声が高まる中で，認証制度の導入の動きが起こった。これは，天然林開発の規制や労働条件の改善，周辺村落への社会的配慮などに関する一定の基準を満たした生産・加工業者などに認証を与え，市場での製品の差別化を図ることで，環境・社会への責任あるパーム油の生産・利用を促す制度である。

　その主たるものとして，「持続可能なパーム油のための円卓会議（Roundtable on Sustainable Palm Oil: RSPO）」と呼ばれる国際認証がある。これは世界自然保護基金（World Wide Fund for Nature: WWF）が中心となり，アブラヤシ産業に関わるさまざまなステークホルダー（生産者，加工業者，消費財生産業者，小売，商社，環境NGOなど）が協議を重ねた上で，2004年に設立されたものである。

　EUでは，食品向けに消費されたパーム油のうち79％がRSPO認証油と報告されている（RSPO 2018）。しかし，世界のパーム油生産量全体からみれば，RSPO認証油は20％程度で停滞している（道田 2020）。その理由としては，RSPO認証はヨーロッパの消費側（流通の川下）の観点から基準が考案されており，マレーシアやインドネシアの生産側（流通の川上）にとっては非常に高いハードルになっていることが挙げられる。また，両国にとって，輸出先に占めるEUの割合はそれぞれ10数％に過ぎず，主要な輸出先であるインドや中国では，RSPO認証油の需要がほとんどないことも影響している。

　一方，マレーシアやインドネシアでは，RSPO認証はヨーロッパ基準で設定したもので，生産国へのバッシングを狙った制度であるという批判もしばしば報道されており，両政府はそれぞれ，より基準の低い独自の認証制度を設立するなど，認証をめぐる状況は混沌としている。

　環境問題や社会問題の緩和を目的とした認証制度の設立が，サラワクの内陸先住民の生活を安定させる契機となりうるのか，あるいは，これらの制度は形骸化され，小農的栽培に対する企業的プランテーションの優位性が維持・強化されうるのか，現在はその岐路にあるといえる。

参考文献

- 石丸美奈 2018. 地球温暖化対策の背後に潜む矛盾―パーム油とコバルトをめぐって. 共済総研レポート 156: 42-49.
- 加藤裕美・祖田亮次 2012. マレーシア・サラワク州における小農アブラヤシ栽培の動向. 地理学論集 87(2): 26-35.
- 加納啓良 2010. 東南アジア・プランテーション産業の脱植民地化と新展開―インドネシアとマレーシアのアブラヤシを中心に. 東京大学東洋文化研究所紀要 158: 252-221.
- 蒲原弘継・後藤尚弘・藤江幸一 2010. インドネシアにおけるパーム油生産拡大に伴う環境影響と低減策. 環境科学会誌 23: 332-340.
- 川島昭夫 2020. 『植物園の世紀―イギリス帝国の植物政策』共和国.
- 水島 司 1998. 移民・コミュナリズム・国民統合―マレー半島のインド人. 松本宣郎・山田勝芳編『移動の地域史』256-283. 山川出版社.
- 道田悦代 2020. 持続可能性認証と国際貿易―パーム油の事例. 国際経済 71: 31-51.
- 百瀬邦泰 2010. 焼畑を行うための条件. 農耕の技術と文化 27: 1-20.
- 山本紀夫 2017. 『コロンブスの不平等交換―作物・奴隷・疫病の世界史』KADOKAWA.
- Crosby, A.W. 1972. *The Columbian exchange: Biological and cultural consequences of 1492*. Westport: Greenwood Press.
- Kato, Y. and Samejima, H. 2020. The effects of landscape and livelihood transitions on hunting in Sarawak. In *Anthropogenic tropical forests: Human-nature interfaces on the plantation frontier*, eds. N. Ishikawa and R. Soda, 277-313. Singapore: Springer.
- RSPO 2018. *Impact report 2018*. RSPO.
- SACCESS 2012. *Guidebook on reclaiming Sarawak NCR lands in courts: Practical information for communities on resorting to the court process (Civil Litigation) to reclaim Native Customary Rights (NCR) Lands*. Kuching: SACCESS.
- Soda, R., Kato, Y. and Hon, J. 2016. The diversity of small-scale oil palm cultivation in Sarawak, Malaysia. *The Geographical Journal* 182: 353-363.

6 | 河川生態系の資源利用と環境動態

池口　明子

《**本章の目標＆ポイント**》　河川生態系は，地形・地質，気候の相互作用によってさまざまな微環境を形成し，地域固有性の高い生物相を育んでいる。現代では多くの社会で河川の人工的な改変が進んでいるが，河川が人を含む生物のいかなる生活様式を支えてきたのかには依然として未知な事柄が多い。本章では熱帯の河川生態系における人間の資源利用に焦点を当て，変動する河川環境への適応について理解を深める。

《**キーワード**》　河川，水位変動，氾濫原，食物選択，サゴヤシ，魚

1. 河川生態系と資源利用

　上流から下流へ向かう流水のエネルギーとその変動は，河川生態系を構成する生物生産の原動力である。河川の流水は上流の森林からもたらされる有機物を水中に溶解させ，中・下流域に運ぶ。中流では礫に付着する藻類が生態系の基礎生産に加わり，河床が深く暗い下流では表層の植物プランクトンが食物連鎖の基盤となる。こうした河川の縦方向の流れに加え，その両岸に広がる横方向の水流も生物に有機物を供給する重要な役割を持つ（Junk et al. 1989）。流域への降雨は水位を変化させ，周期的または単発的な洪水は土砂を侵食あるいは堆積させる。洪水で形成される氾濫原にはこれらの土砂で微地形が形成され，溶解した有機物が沈殿する。氾濫原では冠水によって水没した植物が分解されるため，河川本流や乾いた陸地に比べてしばしば基礎生産力が高い。それは魚類

のみならず，カメやワニ，水鳥，カワウソやカワイルカなどさまざまな生物の生息を支えている。

　湿潤な熱帯の河川は，流域に多量の降水を受けて広い氾濫原を形成する。東南アジア大陸部はモンスーンの影響下にあり，乾季に強い風化作用を受ける土壌は中・上流域で河川の侵食を受け，河口では土砂が堆積して三角州（デルタ）が形成される。自然堤防といった微高地には集落が立地し，後背湿地は洪水が運んだ有機物を蓄えて優良な稲作地となる。河川に生息する多くの魚類にとって雨季の氾濫原は摂餌や産卵の場として重要な位置を占める。雨季が終わり，水が引き始めると氾濫原や小河川の河口では，狭まる水域に集まってくる魚類を狙う筌や網で活発に漁業が行われる。

　一方，河川規模が小さく植生被覆度が高い赤道付近の島嶼の河川では，土砂運搬量が比較的少なく，氾濫原や河口に泥炭湿地が形成されている。泥炭とは高い地下水位や河川の周期的な氾濫などで水没し遺体となった植物が，水中でゆっくりと分解しながら堆積した有機質土壌である。泥炭は植物生産が分解を大きく上回る環境で形成され，分解が遅い寒冷な湿地と，植物生産が活発な熱帯湿地に多く，前者はコケ類，後者は草本

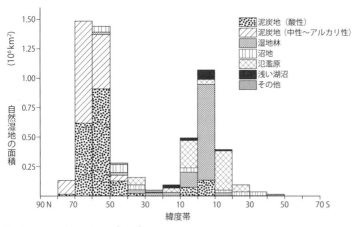

出典：Aselmann and Crutzen（1989）

図6-1　世界の緯度帯別の湿地分布

や木本類が主体となっている（**図6-1**）。西太平洋の熱帯島嶼には泥炭湿
地や湿地林が広く分布し，この環境に適応した生活文化が形成されてき
た。以下では，ニューギニア島の河川生態系を取り上げて，熱帯島嶼に
おける湿地資源の利用を環境適応の観点から考えてみよう。

2. ニューギニア島の自然と食物選択

●ニューギニア島の河川生態系と魚類相

　ニューギニア島は赤道から南緯約10度の範囲に位置する島である。東
西に長い島を俯瞰すると，中央の脊梁山脈から北に向かってマンベラモ
川やセピック川，南にフライ川が流れ込み，広い沖積平野を形成してい
る（**図6-2**）。平野部では11〜2月に雨季，7〜9月に乾季があり，河川
水位は1〜4 m変動する。

　ニューギニア島の自然のユニークな点の一つはその動物相である。ワ
ラス線[注1]の東に位置するニューギニア島はオーストラリアと同じ生物
地理区に区分され，カンガルーなどの有袋類はこの地域に固有な陸上動
物として知られる。1981〜1983年にセピック川流域で行われた包括的な
魚類相調査によれば，23科35属57種の魚種が確認されている（Allen

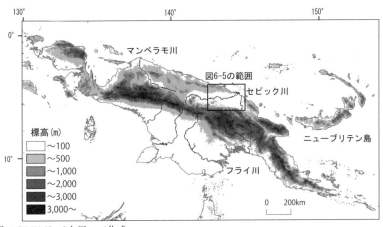

出典：SRTM3 v3を用いて作成

図6-2　ニューギニア島の地勢

and Coates 1990)。このうち多くを占めたのはナマズ類，レインボーフィッシュ類，カワアナゴ類およびハゼ類であった。57種のうち，インド—太平洋地域に共通する魚種は23種（38%）であり，その多くはウナギ類のように河川と海を行き来する回遊性の魚や汽水性の魚であった。すなわち河川にとどまる淡水魚には，オーストラリア区固有の魚類が多く含まれている。

ところでD.コーツは，セピック川の魚類相構成種に多くの汽水性魚種が占め，河川に適応した魚種が相対的に少ないことが，生物地理学的な特徴であると指摘している（Coates 1993）。たとえばアジア大陸部では，デトリタス（微小生物の死骸など）や陸棲の昆虫類を餌とするコイ類やナマズ類が多く生息するが，この生物地理区にはコイ類を欠き，ナマズ類の種類も多くない。パプアニューギニアの水産局の科学者であったコーツは，以上の見地から漁業生産性向上の困難さを述べ，河川に適

表6-1　セッピク川ブラックウォーター水域の漁獲対象魚種（2012年）

	和名（通称）	学名	クラインビット村の呼び名	原産地
在来種	カワアナゴ属	*Eleotris aquadulcis*	オグル Ogur	セピック－ラム川流域
	ナマズ目	*Netuma proxima*	バティル Batir	西太平洋
	ナマズ目	*Brustiarius solidus*	バティル Batir	セピック－ラム川流域とマンベラモ川流域（イリアンジャヤ）
	（インドネシアウナギ）	*Anguilla bicolor*	フリル Frir	インド洋，西太平洋
	（セピックコモチサヨリ）	*Zenarchopterus kampeni*	トメル Tumear	セピック－ラム川流域とマンベラモ川流域（イリアンジャヤ）
	タメモトハゼ	*Ophieleotris aporos*	ムネル Muner	インド洋，西太平洋
	（レインボーフィッシュ）	—	カービンシュバ Kharbinshba	未記載種
	（レインボーフィッシュ）	*Glossolepis kabia*	クンビカブダリシュ Kumbikhabdarish	イリアンジャヤ
	イセゴイ	*Megalops cyprinoides*	小さい個体：カバラリバル Khabararivar，大きい個体：ボロカル Borokar	太平洋
移入種	コイ	*Cyprinus carpio*	コールフィッシュ Kollfish	アジア
	コイ科	*Barbonymus (Puntius) gonionotus*	ジャバカップ Javacap	メコン川，チャオプラヤ川流域，マレー半島，スマトラ，ジャワ
	（ティラピア）	*Tilapia rendalli*	マカウ Macau	アフリカ
	（ティラピア）	*Oreochromis mossambicus*	タラピア Talapia	アフリカ
	（インドゴイ）	*Neolissochilus hexagonolepis*	ラバマウス Rabamaus	インド，バングラデシュ，ネパール，ミャンマー，タイ，マレーシア，インドネシア，中国
	（マーブルクララ）	*Clarias batrachus*	カルル Kharur	不明
	カダヤシ属	*Gambusia holbrooki*	マテナル Matenar	北米
	（レッドコロソーマ）	*Piaractus brachypomus*	パクー Pacu	アマゾン－オリノコ川流域

注：種の同定はGerald R.Allen氏およびTerry J.Donaldson氏による。
　　—：未同定
出典：池口ほか（2012）

応したデトリタス食，草食の魚類を移入する意義を主張した（Coates 1993: 358-360）。パプアニューギニアでは1954年のモザンビークティラピアに始まり1980年代にかけて，政府や国連の主導によりさまざまな魚類が移入され流域に拡散した。現在漁業の対象となっている魚類には，これら多くの移入種が含まれている（**表6-1**）。長い歴史の中で形成されてきた魚類相は，過去約50年の間に劇的な変化を遂げたといえるが，それが生態系や人間生活に与えた影響はほとんど解明されていない。この問題にアプローチするために，以下ではニューギニア低湿地で発達してきた食物選択や利用技術と自然環境との関係を考えてみよう。

●低湿地における食物選択

　ニューギニア島に住む諸集団が主食としてきた食料資源の分布は，地形や土壌をよく反映している（**図6-3**）。高地には肥沃な土壌が分布し，排水溝を配置した常畑で集約的な農業が営まれている。そこでは主食のサツマイモのほかコーヒーなどの換金作物や，主として儀礼のためのブタが飼育される。高地縁辺から平野部，およびニューブリテン島などの島々では，焼畑農耕によるタロイモやヤムイモなどの栽培が行われる。

　河川流域の，周期的に冠水する低湿地で主食とされてきたのはサゴヤ

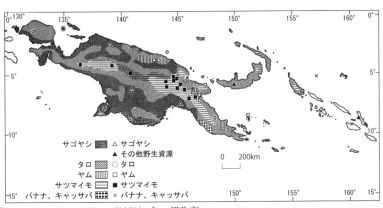

出典：Brookfield and Hart（1971）を一部改変

図6-3　ニューギニア島における主要なデンプン食料資源

シである。サゴヤシは赤道から南北緯10度の範囲に分布するヤシ科の植物で、マルク諸島からニューギニア西部が起源地と考えられている（江原 2010）。10〜15年かけて樹幹に蓄えられたデンプンが、精製・加熱されて食用とされる。サゴヤシは鉱質土壌でより良く成長するものの、泥炭や酸性土壌、汽水域でも生育できるという特徴を持ち、他の植物が生育しづらい湿地環境で優占種となる。河川から氾濫原までの植生を模式断面図で見てみよう（図6-4）。まず本流に最も近い河岸はスゲやヨシが成育し、その奥に野生サトウキビやヨシの一種に混じってサゴヤシが生えるが、過密に繁茂して矮小化し、幹は育たない。さらに奥のサゴヤシ湿地も雨季に冠水し、背丈の低いサゴヤシが純林を形成するが幹中へのデンプン蓄積は少ない。氾濫原で最も高位で、人間の居住地にも近い場所には複数の高木が分布し、この疎林の下層に生育するサゴヤシは樹幹が高くデンプン蓄積量も多い。このように、サゴヤシは冠水の程度に応じて発達する植物群落の一部であり、降水量や地形の変化はその分布に大きく影響する。

　サゴヤシは母幹の横から生える分枝を切って他の場所に定植することで人工的に繁殖させることができる。定植したサゴヤシの所有者が明確である点は農耕と共通しているが、定植後には成長するまで放置され、労働投入がない点では農耕というよりも採集活動に近い。考古学的な調査によれば、ニューギニア島における農耕の歴史は古く、およそ9000年

出典：下田・パワー（1990）

図6-4　セピック川における湿地植生の模式断面図

表6-2　デンプン食料資源における1,000kcal当たりのタンパク質含有量

	サンプル数	1,000kcal 当たりの タンパク質（g）
サゴデンプン 1	1	2.2
サゴデンプン 2	1	1.4
イモ（タロ，ヤム）	6	14.6±1.4
バナナ	9	8.8±1.7
コメ	1	16.3
小麦粉	1	30.1

出典：Ohtsuka（1990b）

前に遡るという（大塚 1995）。平野部や高地では，その後東南アジア原産のタロイモや，南米原産のサツマイモを導入しながら農耕が継続されてきた。しかし低湿地ではこうした根栽農耕は広がらず，人々は依然としてサゴヤシに強く依存した生活を営んでいる。これには畑作に適した土壌に乏しいという制約が働いているが，ほかに大塚（2002）はサゴヤシ利用の利点として次の三つを挙げている。第1に，タロイモやバナナは結実が季節的で貯蓄ができないのに対し，大きな樹幹に蓄積されたデンプンは通年利用可能である。第2に，生産性に年による変動がなく病害虫に強いことである。稲作では旱ばつや水害など，栽培期間の降水量に収量が大きく左右される。背丈があるプランテン（調理用バナナ）は浸水には強いが，柔らかな葉や茎は昆虫の食害にあいやすい。第3に，焼畑農耕に比べてサゴヤシ利用は収穫以外の労働がほとんど不要で，労働生産性が高いことである。労働1時間当たりの生産量をエネルギー換算すると，焼畑では980kcal，サゴデンプン採集では1,550kcalという結果も出ている（Ohtsuka 1990a: 58）。

　一方，農耕作物に比べたサゴヤシ利用の欠点として指摘されているのは，サゴデンプンが炭水化物以外の栄養素をほとんど含まないことであ

る。たとえばタンパク質の場合，単位カロリー当たりの含有量は，米が
サゴデンプンの約7倍以上に相当する（表6-2）。したがってサゴデンプ
ンを主食とする環境適応は，身体が必要とする栄養素を補うようなさま
ざまな野生資源の利用と不可分に成立してきたと考えることができる。

3. 食物選択と資源利用の変容

●低湿地の村と暮らし

　サゴヤシに依存する人々の資源利用は実際にどのように行われ，いか
に変化してきたのだろうか。ここではセピック川流域の湿地にある一つ
の村（東セピック州クラインビット村）を事例として検討する（図
6-5）[注2]。クラインビット村はセピック川右岸の海抜約50m以下の領域
に住むカプリマン言語グループの六つの村のうちの一つである。カプリ
マンの伝統的な生業はサゴヤシ採集と漁業であり，サゴデンプンと魚は
主食としてのみならず，近隣の言語グループとの物々交換財としても重
要な位置を占めてきた。口述史によれば，1850年代までカプリマンは湿
地の南限に位置する丘陵地に居住し，人口増加とともにセピック川本流
に近い泥炭湿地上に新たな村を形成した。最初の分村の理由として語ら
れているのは不足してきたサゴヤシをめぐる争いであり，さらなる分村

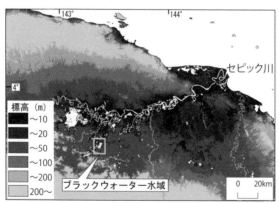

出典：SRTM3 v3を用いて作成

図6-5　セピック川流域とブラックウォーター水域

の理由として魚や野ブタ，ヒクイドリの不足が挙げられている（Kumagai 1998: 52）。

　クラインビット村の人口は1993年には266人であった（熊谷 2019: 339）。2011年３月に行われた村人による調査によれば，人口は532人，115世帯と，約２倍に増加している。その背景として，出生率の増加や，物価高・雇用の得にくさによる都市部からの還流が挙げられている（熊谷 2019: 340）。村人は父系親族によるクラン（氏族）を形成し，生業活動において共同作業を行う。2011年11月時点では13の小さなクランがあり，それぞれの小クランは四つの大クランのいずれかに所属している。各クランはその集団を象徴する植物，鳥，その他のトーテム動物を持っている。たとえば大クラン「アドマリ」に属する小クラン「アグンドゥミ」のトーテムはシラサギ，ゴイサギ，ワニ，ビンロウジュの実などである。ワニは特定のクランに限らず，村人すべてにとって特別な意味を持つ。ナンソトゥと呼ばれる成人儀礼では，成人の証として若者の身体にワニを模した瘢痕を刻むのである（熊谷 2019: 438-444）。カヌーや家具など生活用具に施される彫刻でもワニは最も好まれるモチーフとなっている。

　村人の日常的な生活範囲はブラックウォーターと呼ばれる湖の南岸に位置する集落，そしてブラックウォーターやコンゴンメ川，ハルマリオ川などの，セピック川支流に広がる水域と湿地林である（**巻頭口絵⑦a.**）。クラインビットの集落には二つの教会と一つの小学校，ハウス・タンバランと呼ばれる成人男性の集会所がある。集落の家屋とは別に，サゴ採集や狩猟，漁業の拠点となる出作り小屋（カプリマン語で「ムングラス」）があり，13のクランのうち10のクランがムングラスを所有している。それぞれの場所には世帯ごとに小屋が建てられており，炊事場付の立派なものもあれば，雨よけ程度の小屋もある。世帯によっては普段この小屋

に寝泊りし，教会に通う日曜日のみ集落に戻る場合もある。密集した集落と比べて静かなムングラスは，社会的な軋轢を回避し，ストレスを軽減する上でも重要な場所となっている。ムングラスの背後に分布する鉱質土壌で菜園をつくる世帯もあり，少量のサツマイモや蔬菜などが栽培されている。

●食物選択と資源利用

　筆者らは村の食物選択の実態を知るために，20世帯に依頼して毎日の食事内容をマーク式で記入してもらう食事日誌調査を実施した。表6-3

表6-3　クラインビット村におけるデンプン資源と動物資源の摂取頻度
　　　（2012年，４世帯平均）

(%)

		2月	8月
デンプン資源	サゴヤシ（半栽培）	97.3	94.4
	サゴヤシ（野生）	0.9	4.0
	バナナ	19.6	11.3
	サツマイモ	11.6	2.4
	タロイモ	8.0	0.8
	コメ	4.5	4.0
	ビスケット	2.7	0.8
水生動物	カワアナゴ類	19.6	29.8
	ナマズ類	13.4	27.4
	ハゼ類	6.3	0.8
	レインボーフィッシュ類	2.7	0.0
	インドゴイ	92.0	95.2
	ティラピア（*T. rendalli*）	76.8	28.2
	ティラピア（*O. mosambicus*）	8.9	5.6
	レッドコロソーマ	31.3	1.6
	ワニ	0.9	8.9
	カエル	1.8	0.0
昆　虫	サゴムシ	36.6	17.7
	甲虫の幼虫	15.2	4.0
	バッタ1	21.4	6.5
	バッタ2	10.7	6.5
	カマキリ	3.6	0.8
哺乳類	野ブタ	28.6	8.1
	バンディクート	1.8	0.0
	クスクス	0.9	0.8
	ヒクイドリ	0.9	1.6

出典：世帯日誌調査により作成

はこれらの世帯のうち，世帯が同規模の4世帯を例に乾季の8月と雨季の2月について摂取されたデンプン食料資源と動物資源を示している。デンプン源をみると，サゴデンプンの摂取頻度が両時期とも95%以上と，ほぼ毎日食べている。栽培されるバナナやタロイモ，サツマイモも摂取されているが少なく，依然としてサゴヤシに依存していることがわかる。動物資源をみると，雨季には野ブタや有袋類のバンディクート，昆虫など森林の資源が摂取されているが，魚類に比較してその頻度は少ない。かつて重要な食料であったヒクイドリや水鳥の摂取はほとんどみられない。一方魚類をみると，ほぼすべての種が両時期を通じて安定的に摂取され，雨季にはティラピアが，乾季にはナマズ類の摂取が増える。魚類のうち特にインドゴイは動物資源の中で際立って摂取頻度が高く，通年にわたって依存度が高い資源となっている。インドゴイ移入前にはどのような漁業活動が行われていたのだろうか。

●漁具と漁場利用

　ここでは漁業技術と漁場利用の変化を検討しよう。**表6-4**は村で用いられる漁具と対象魚種，使用する場所をまとめたものである。村で最も古くから用いられているのはサゴヤシの葉柄や樹皮を利用した漁具である。ナイロン製の釣り糸や刺し網は，移入魚種が漁獲対象となった1980年代から使われるようになった。

　筌は従来女性が最も一般的に用いていた漁具であり（**巻頭口絵⑧a., b.**），主な対象魚種はハゼ類や，通称レインボーフィッシュと呼ばれる在来種で，これらは体長15cm以下の小魚である。1980年代まで盛んに行われていた物々交換の市場では，これらの小魚やナマズ類，カワアナゴ類がクラインビット村の主要な交換財であった。A氏（64歳女性，以下年齢は2011年当時）によれば，魚がよく捕れる乾季には毎週土曜日，

表6-4　クラインビット村の漁具（2012年）

漁具	カプリマン語	材料	餌	対象魚種	使用する場所	備考
筌 （かえしなし）	ナメニュガル	サゴヤシの葉柄	シロアリ	ハゼ類，レインボー フィッシュ類	小河川（サゴワグ ル），水路（クビル）	
筌 （かえしあり）	タスウェル	サゴヤシの葉柄	シロアリ	ハゼ類，レインボー フィッシュ類	小河川（サゴワグ ル），水路（クビル）	
サゴヤシ製 ヤス	ナンジン・ チョカ	サゴヤシの樹皮		カワアナゴ類，ウナ ギ類，ナマズ類，ティ ラピア，インドゴイ， レッドコロソーマ	湿地（サギッシュ）	
ヤス	トカ， トラジャイシュ	竹，鉄．鉄がない ときはサゴヤシ		同上	湿地（サギッシュ）	
サゴヤシ製 釣り針	スゴクル	サゴヤシのとげ， パンダナスの葉， パンダナスの葉脈 で作ったひも	サゴムシ，ウ ジ	ウナギ類，ナマズ類， カワアナゴ類，ハゼ 類，カメ	湿地（サギッシュ）	現在は使わ れていない
浮き木釣り針	シンゴル・ バグライシュ	浮き木，ナイロン 糸，針	魚の切り身， ヤシの胚乳な ど	ウナギ類，ナマズ類， カワアナゴ類，ティ ラピア，レッドコロ ソーマ	湿地（サギッシュ）	
釣竿	シンゴル・ クバル	サゴヤシの葉柄， ナイロン糸，針	サゴムシ，ウ ジ	ハゼ類，ティラピア， ナマズ類，コイ	湿地（サギッシュ）	
投げ釣り針	シンゴル・ バコー	ナイロン糸，針	ヤシの胚乳， 木の実	レッドコロソーマ	湿地（サギッシュ）	
刺し網	アマリア・ カリル	ナイロン		インドゴイ，コイ， ティラピア，ナマズ 類，カワアナゴ類	水深0.5〜2mの水 域	
ワニ用ヤス	モグリア・ リアリス	木製の柄に，銛が ついている		ニューギニアワニ	未調査	

出典：池口ほか（2012）を一部改変

あまり取れない雨季には10日から2週間おきに市が開催されていたとい
う。彼女がよく使用していた漁具は筌と釣具で，父親はサゴヤシの樹皮
を削って尖らせたサゴヤシ製のヤスを用いていた。乾季には湿地の草で
編んだバスケット5個分，雨季には1〜2個分の魚を持って市に参加し
た。このバスケットは40×30cmほどの大きさであり，乾季には日の出
から昼までの間に筌を何回か使ってバスケット1個分を捕ることができ
たという。

　筌の使用法には①湿地（サギッシュ，以下カタカナは現地名）の草の
間を泳ぐ魚をすくい捕る，②小川（サゴワグル）や水路（クビル）に設
置し，上流から棒などで魚を追い込む，③筌の中にヨシを詰めて水中に

設置し，シロアリを上からまく柴漬け漁，がある。筌の口径は40〜61cmであり，筌の口径よりも深い場所では使わないという。こうした筌の漁場は水域にいかに分布しているのだろうか。**巻頭口絵⑦b.**は，GPSを用いて位置を記録した水域地名のうち，小川と水路の地名が付された地点を乾季（9月）の衛星画像に重ねたものである。湖の東から流れ込む小川には，周囲が干上がるにつれて魚が集まる。これらが筌を使った乾季の漁場とされてきた。

　ヤス漁は夜電灯を使って，あるいは夕方や朝など，水温が下がって魚が湖岸の草地に上がってくるところを狙って仕留めるものである。雨季に比べて乾季に漁場が広く，定着性の高いカワアナゴ類やナマズ類を多く水揚げできる。たとえば雨季の11月の観察例では夕方から早朝までカヌーを用いて漁を行い，水揚げはティラピアのほか，少量のインドゴイ，レッドコロソーマ，ウナギ，コイ類であった。一方乾季の8月の観察例では，水位が30cmほどのヨシ原で夜間に2時間漁を行い，カワアナゴ類を中心に水揚げした（**巻頭口絵⑦b.**）。ヤスは筌とならび，刺し網が導入されるまでは主要な漁具であり，現在でも夜間に魚を大量に捕る目的で使用されている。

　刺し網の導入以前に使われていた漁具に，サゴヤシ製の釣り針がある（**巻頭口絵⑧d.**）。これはサゴヤシの棘を束ねて結び付けたもので，針に結んだヒモを湖岸のヨシにくくり付け，サゴムシなどの餌をつけて水中に沈めるものである。現在では釣具はタケの釣竿と金属製の釣り針を用いて行われ，カヌーの上から湖岸に近い浅場で用いられる（**巻頭口絵⑧e.**）。インドゴイ以外の多様な魚種が水揚げされる。

　ナイロン製の刺し網は，プランクトン食のインドゴイを大量に水揚げできる唯一の漁具である（**巻頭口絵⑧f.**）。カヌーを用いて水深0.5〜2.0mの水域で用いられる。雨季には湖岸近くで用いられるが，乾季に利用で

きる漁場は狭くなる。筆者は雨季の11月23，24，27日に刺し網の主な利用者である女性103名（84世帯）に対し，出漁の有無と利用した漁場の地名を聞き取った（池口ほか 2012）。その結果3日間に延べ45人が出漁しており，このうち25人が**巻頭口絵⑦c.**に示した漁場に集中していた。乾季の刺し網漁場は未調査であるが，漁場が村落領域に限られるのであれば，競合性はより高くなると考えられる。

1962年生まれのB氏（男性）によれば，コイ類やティラピアが主要な魚種となってから，漁具は筌・ヤスから刺し網・釣竿が中心となったという。筌は現在でも多くのムングラスでみることができるが，これらの筌をつくることができる人も少なくなってきたという。このように，クラインビット村の漁業は，乾季に広がる小河川・水路および湿地のヨシ原から，より水深が深い湖面へと漁場利用を変化させてきたと考えることができる。

4. 社会変化と栄養摂取

以上述べた漁業の変化の背景には，移入による魚類相の変化のみならず社会変化も考える必要がある。1930年代のキリスト教の布教や，近年の学校教育の普及は集落への定着性を高め，その結果集落近隣での資源採集を活発化させた。医療の普及によって乳幼児死亡率が改善される一方，自給自足的な生活は世帯労働力の必要性を維持させ，セピック川流域でも人口の増加がみられる。この中にあって，豊富な魚類資源は安定的なタンパク質を供給するとともに，村の重要な現金収入源となっている。たとえばある夜にヤス漁に出かけたC氏（32歳女性）は，ティラピアなどを燻製にして町の市場で販売し，その売上で石鹸や食塩，衣服などを購入している。人々のライフスタイルが変化する中で，現金収入源としての魚類の役割は今後も重要性を増すであろう。一方で，本章で示

したように漁場利用の変化は世帯間の競合や，人々が蓄積してきた自然環境の知識や技術に影響をもたらす可能性があり，今後さらに研究すべき課題である。

》注

1 ）A.R.ワラス（1823-1913）によるマレー諸島の調査に基づいて提唱された動物地理区の境界線。スンダ列島のロンボク海峡から北上し，マカッサル海峡を経て，ミンダナオ島の南から太平洋にいたる。ワラスはこの西側を東洋区，東側をオーストラリア区とし，動物相の地理的相異を指摘した。現在では，スンダ陸棚東縁からサフル陸棚西縁までは移行帯とされ，その成因が氷河期の古地理などから検討されている。

2 ）クラインビット村における事例研究は，文部科学省科学研究費（代表・野中健一）によって行われ，本章の筆者のほか，野中健一（立教大学），熊谷圭知（お茶の水女子大学（当時）），竹中千里（名古屋大学（当時）），夏原和美（日本赤十字秋田看護大学（当時））の各氏が現地調査に参加した。

参考文献

● 池口明子・李　善愛・野中健一・熊谷圭知 2012. パプアニューギニア・セピック川流域のカプリマンにおける漁撈活動. 溝口常俊・阿部康久編『歴史と環境—歴史地理学の可能性を探る』60-85. 花書院.

● 江原　宏 2010. サゴヤシの起源地，伝播と分布. サゴヤシ学会編『サゴヤシ—21世紀の資源植物』18-23. 京都大学学術出版会.

● 大塚柳太郎 1995.『モンゴロイドの地球 2　南太平洋との出会い』東京大学出版会.

● 大塚柳太郎 2002. 沿岸低地—サゴヤシ採集民ギデラの生態史. 大塚柳太郎編『ニューギニア—交錯する伝統と近代』51-86. 京都大学学術出版会.

● 下田博之・パワー，A.P. 1990. パプアニューギニア，東セピック州のサゴヤシ林の実態とその澱粉生産性に関する調査研究 第 1 報 調査地の概要とサゴヤシ林の自然環境. 熱帯農業 34: 292-301.

● 熊谷圭知 2019. 『パプアニューギニアの「場所」の物語—動態地誌とフィールドワーク』九州大学出版会.

● Allen, G.R. and Coates, D. 1990. An ichthyological survey of the Sepik river, Papua New Guinea. *Records of the Western Australian Museum, Supplement* 34: 31-116.

● Aselmann,I. and Crutzen, P.J. 1989. Global distribution of natural freshwater wetlands and rice paddies, their net primary productivity, seasonality and possible methane emissions. *Journal of Atmospheric Chemistry* 8: 307-358.

● Brookfield, H.C. and Hart, D. 1971. *Melanesia: A geographical interpretation of an island world.* London: Methuen & Co Ltd.

● Coates, D. 1993. Fish ecology and management of the Sepik-Ramu, New Guinea, a large contemporary tropical river basin. *Environmental Biology of Fishes* 38: 345-368.

● Junk, W.J., Bayley, P.B. and Sparks, R.E. 1989. The flood pulse concept in river-floodplain systems. In *Proceedings of the international large river symposium,* ed. D.P. Dodge, *Canadian special publication of fisheries and aquatic sciences* 106: 110-127.

● Kumagai, K. 1998. Migration and shifting settlement patterns among the Kapriman people of East Sepik Province, Papua New Guinea. *Senri Ethnological Studies* 47: 43-60.

● Ohtsuka, R. 1990a. Productivity of plant foods. In *Population ecology of human survival: Bioecological studies of the Gidra in Papua New Guinea,* eds. R. Ohtsuka and T. Suzuki, 53-60. University of Tokyo Press.

● Ohtsuka, R. 1990b. Major nutrients in foods. In *Population ecology of human survival: Bioecological studies of the Gidra in Papua New Guinea,* eds. R. Ohtsuka and T. Suzuki, 71-77. University of Tokyo Press.

7 | 先住民の地図と環境利用

池口　明子

《本章の目標＆ポイント》　人間・環境系へのアプローチの例として，先住民が作成する地図を取り上げる。ラテンアメリカでは，先住民運動の一環として環境利用を地図化する活動が活発化している。西カリブ海沿岸地域に暮らす人々に焦点を当て，環境利用と社会の変化について理解を深めるとともに，先住民の地図作成の意義や課題について考察する。

《キーワード》　地図，先住民，土地の権利，環境利用，ラテンアメリカ

1. 先住民運動の背景

　自然環境への人々の適応を理解する上で，地図は重要なツールとして地理学者や人類学者に用いられてきた。近年いわゆる第三世界では，先住民自らが土地や自然資源への権利を主張する目的で地図を作成する動きが活発化している。本章では，この先住民地図作成の背景やその役割，課題について，特にラテンアメリカの事例に基づき具体的に検討する。

　先住民による権利回復を目指す先住民運動は植民地時代から各地で行われてきたが，1990年代はそれがラテンアメリカの多くの地域で国家スケールの政治改革をもたらした（González 2015）。その一つの契機として挙げられるのは，先住民による歴史のとらえなおしである。1992年はコロンブスの大航海から500年の節目にあたり，これを先住民の視点から抵抗の500年ととらえて歴史を見直す運動が各地で展開した。一方構造的な背景としては第1に，先住民運動が労働組合に代わる権利主体と

しての役割を担うようになったことが挙げられる。1980年から1990年代は，ラテンアメリカ各地で規制緩和や市場主義的な経済改革が進んだ時期である。国際的な市場価格変動や企業間競争による失業者の増加は労働組合を弱体化させ，困窮した先住民が運動に参加して政治改革を求めるようになった。第2に，同時期はラテンアメリカの多くの地域で地方分権化が進み地方都市や農村における先住民の政治参加が活発化したことがある。この中で国や地方政府は，先住民集団を政策の対象ではなく主体として位置づけ，一定の自治権を与えることで国家への協調を促し，治安を維持しようとする。第3に，国境を越えた先住民のネットワークが発達したことも重要である。都市で教育を受け，スペイン語を話す先住民は，国連や国際NGOの支援を受けながら国際会議に参加し，先住民権利擁護のための国際法の制定に主体的な役割を果たした。こうしたネットワークは国内では少数派であった先住民集団が土地や資源への権利を国際的に訴える手段となった。

　先住民による地図作成は，こうした背景のもと世界各地で実践されるようになり，国際的なNGOや研究者がその作成を支援するようになっている。以下では，特にGISを用いた先住民地図の特徴や役割，その課題について検討してみよう。

2. 先住民の地図

●先住民地図の発展

　そもそも北米では，人類学者による先住民研究が古くから行われ，生産活動や集落形成といった土地利用を記述する目的で地図が用いられてきた。これらの地図は，研究者が民族誌を作成する手段の一つであったが，その後先住民運動の活発化とともに，先住民の権利擁護といった政治的手段の一つとして用いられるようになる。1960年代にカナダで先住

民が土地への権利を求めて州政府を提訴し，1973年に勝訴すると，カナ
ダ政府の財政補助によりイヌイットの土地利用と居住に関する地図作成
事業が開始された。この事業で作成されたのが，伝記地図（map
biography）である（Freeman 2011）。これは狩猟採集や漁撈などの活
動を，個人を対象に時間を遡って空間的に表現しようとするものであり，
たとえば野苺の採集やカリブーの狩猟活動が行われた場所，用いられた
生業技術や野営地を各自について記録し，地図を作成する。狩猟・採集・
漁場の地図化は，19世紀の白人入植者が農業を営まないイヌイットを「土
地を持たない人々」としてきたことへの反発に動機づけられた空間表象
であった（Chapin et al. 2005: 623）。1990年代になり，先住民地図が第
三世界の各地で実践され，その多くが国際機関やNGOの援助を受ける
ようになると，先住民地図にGISが用いられるようになる。土地や資源
への権利主張では，交渉相手は政府，交渉の場には法廷が含まれ，準拠
する国内外の法令や判例は西欧の法的基準であることから，緯度・経度
を持った地理情報が正当な根拠として用いられる。GPSによる位置情報
の作成や官製地図との照合は，そのための標準的な手法である。

　先住民地図のもう一つのルーツといえるのが，第三世界の開発援助で
用いられるようになった参加型地図である（Chambers 2008）。地図作
成を含む参加型農村調査法（Participatory Rural Appraisal: PRA）が
重視するのは，正確な地図を作るというよりも，地図作成や地図を用い
たワークショップによって，教育を受ける機会が少なく社会経済的に不
利な立場にある人々が，自らの置かれた社会や環境を集合的に学ぶこと
である。このPRAの思想的なルーツには，ラテンアメリカで実践され
てきた社会運動としての参加型研究がある（フレイレ 2018）。ここでは，
成人識字教育や演劇などの活動を通して，社会的に不利な立場の人々が
潜在的な力を発揮できるような対話と学習が議論されてきた。このよう

に先住民地図は，先住民コミュニティの外と内双方への効果が期待され
つつ発展してきたのである。

●先住民地図の課題

　先住民による数多くの社会運動を支えている地図であるが，その性質
や手法に関する問題も多く提起され，その理解をめぐって議論がなされ
てきた（池口 2017）。ここではそのうち二つの問題を取り上げながら，
地図の性質について考えてみよう。

　第1に，主に西欧で発達してきた地図製作技術やGISを通して，先住
民の世界観を表現することに起因する倫理的問題がある。自然環境を利
用して生きる人々は，動物の生態や植生，変化する水域など，環境との
動態的な関係の中で場所を認識し，語りや歌，夢や祈りなどを通じてそ
の関係性を個人的な経験の中に受け入れる。自然と人間を結びつけるエ
ネルギーに満ちた場所はしばしば神聖で，地名を語ることや，場所を説
明することは，特定の個人にのみ認められることも多い。北米における
初期の先住民地図事業では，先住民が用いる地名が，GISの規格に合う
ように短縮されたり，神聖な場所が観光用地図に公開されたりしたこと
が，地図を介した先住民文化の同化であると批判された（Rundstrom
1991）。こうした問題は，一般に正確で客観的とされる地図やGISを，
その技術が形成される社会との関係で相対的にとらえる必要性を提起し
た。

　そもそも地図は世界そのものではなく，演説や絵画と同じように，作
り手による情報のコレクションである（Mommonier 1991）。地図製作は，
掲載すべき事柄を選び，それらを二次元に配置し，見やすく強調したり，
省略したりする操作を含む。その操作技術は，作り手の目的に応じて発
達するが，それがいったん汎用的な科学技術として定着すると，その技

術遂行のために行われる操作が，ある集団の世界観を歪曲して表現する危険がある。地図史を専門とするB.J.ハーリーは，西欧の地図製作者が無意識のうちに有色人種が居住する植民地を小さく表したり，先住の人々の生活空間を排除したりしたことを示し，その背景にある支配的な価値観を指摘した。そして地図が非人格的な知識であり，地図が表す領域を「脱社会化」する傾向があると警告した（Harley 1988）。ただし西欧と非西欧，科学と土着，のように空間把握の方法を二分化することには批判もある。先住民は西欧人による地図作成にも知識提供者として重要な役割を果たしてきた。近年の地図事業の背景にも国際的な先住民ネットワークがあり，先住民自らの歴史の理解には考古学や環境史といった諸科学も関与しているからである。

　第2に，参加型の先住民地図の作成が，権利主張を必要とするコミュニティ内部の集団間の対立を顕在化させる問題がある。たとえば移住時期が異なる二つの集団が共同で漁場を利用してきたトリニダード・トバゴでは，「伝統的利用」を優先した地図事業の結果，持続的利用の観点からみた知識の正統性をめぐって集団間の対立が生じた（Sletto 2009）。国際法の基準は，先住民の土地所有権の根拠を住民の継続的な居住と利用に求めている。この枠組みは，異なる集団が，自らの歴史的なルーツや場所の知識の豊富さをもって，土地所有者としての正統性を主張しあう対立構造を生む，という危険をはらんでいる（Wainwright and Bryan 2009）。

　この問題は，先住民地図にかかわらず参加型地図事業に共通する問題でもある（Hickey and Mohan 2004）。あるコミュニティが土地への権利を主張し，保全・利用するために作成する地図では，個人ではなく複数の人が共有する地名や場所が掲載される。しかし環境利用や認識はコミュニティ内部でも差異があり，それはしばしば出自やジェンダーなど

と関連している。こうした差異を考慮しない事業は不利な立場に置かれた人々の結束を妨げ，権利主張を困難にする可能性もある。

　本章で取り上げるニカラグアでは，1979年からサンディニスタ政権とこれに対抗するコントラ（親米反政府民兵），後者を支援する米国政府という構図で内戦が続いた。コントラの一部を組織したのが，先住民連合であった。停戦後1986年に共和国憲法が発布され，カリブ海沿岸地域における先住民およびアフリカ系住民（クレオール）の自治が法的に保障された。しかし実際には，ずさんな手続きによる森林伐採や開発が続いており，これに対抗するための先住民地図事業が活発に行われている。以下では具体的な地域に焦点を当てて，環境利用と地図作成の実践の中から，先住民地図の可能性と課題について考えてみよう。

3. 先住民の環境利用とその変化

●ニカラグア・カリブ海沿岸の先住民

　ニカラグア東海岸には，中米地峡に発達する脊梁山地からカリブ海に注ぐ河川によって沖積平野が形成され，沿岸には潟湖や浜堤が発達している。湿潤な貿易風を受けるカリブ海沿岸では年間約4,000〜5,000mmにおよぶ降雨があり，流域にはヤシ類からなる湿地林や，マホガニーなどの大木を含む常緑雨林が分布する。5月から11月までの雨季に河川は増水し，氾濫原に栄養塩をもたらし魚類の繁殖地を形成する。この河川流域には，16世紀の西欧との接触以前から，異なる言語ルーツを持つ先住民集団が居住してきた。

　ウルワは，ホンジュラスからニカラグアのカリブ海沿岸に分布するスム言語集団の一グループであり，スムはコロンビアからホンジュラスに分布するチブチャン言語系に属するとされる。このほかカリブ海沿岸には，同じチブチャン系のミスキート，ラマなどの先住民のほか，小アン

ティル諸島に起源をもつガリフナや，アフリカ系混血のクレオール，太平洋岸から移住したメスティソ，商いのために移住した中国系など多様な出自の集団が住んでいる。

　西欧との接触以前，スムはニカラグアで最も広範に分布した先住民グループであった（Newson 1987）。中でもウルワの分布は脊梁山地から平野一帯に及び，15世紀頃の居住域はおよそ2万km^{2}と推定されている（Green 1999: 13）。16世紀には，カリブ海沿岸で奴隷交易が始まり，イギリス商船との交易で銃を得たミスキートが奴隷獲得のためウルワ集落を襲撃するようになった。ミスキートから逃れるようにウルワは内陸の森林に居住域を移動する。1840年代になるとプロテスタント宣教師の布教が始まり，ミスキート語で書かれた聖書の普及によりウルワがミスキート語を日常会話に用いるようになる。さらに金鉱や材木，ゴム樹脂などの自然資源や，プランテーション開発を求めて米国企業が進出すると，商店や教会を中心とした集落が流域に形成され，英語を話すミスキートやクレオールが賃金労働に従事するようになった。1894年に太平洋岸から軍隊が侵攻し，カリブ海沿岸地域がニカラグアに併合されてからは西側からメスティソの入植が進められ，内陸に居住していたウルワが海岸に向かって移住を迫られた。こうしてウルワの居住域は狭められ，アワルタラ下流域を生活の中心とするようになったのである。

●集落の立地と集落間関係

　現在のウルワの居住地は，流域に分布する四つの定住集落と出づくり集落である（**図7-1**）。このうち最大規模のカラワラ村は人口1,617人，338世帯（2016年）からなる。ウルワ集落のほか，クレオール，ミスキート，メスティソそれぞれを主な構成員とする16の集落が市域を構成し，カラワラ村に市役所が設置されている。農耕や狩猟採集の場となる流域

の森林には各集落の領域があるが，その境界は緩やかで複数の集落構成員による入会地（共有地）が含まれる。これらの生活空間を地図で確認してみよう。河口の最も海側にあるミスキートやクレオールの集落では，沖合のサンゴ礁でウミガメやロブスターなどを対象とした商業的漁業を生計の中心とし，出づくり集落で農耕も営んでいる。ウルワの集落では，近隣あるいは流域での農耕や狩猟採集，そして自給的な漁撈を中心とした生計を営み，森で伐り出して成形したカヌーや農産物をほかの集落に販売している。出づくり集落が立地するのは，河川が流路を変えて，広い氾濫原をつくる下流域の河岸である。河川氾濫原は乾季には草地となり，メスティソ入植者が放牧地として利用している。谷が狭くなる上流には，メスティソ入植者の集落があり，主として牧場を営んでいる。この上流部に位置するウルワ集落であるトマリン村は先住民の村として認

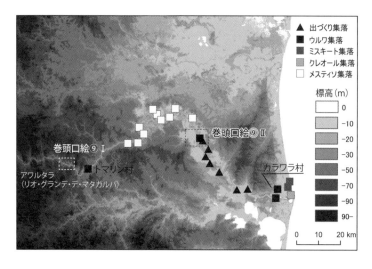

注：点線の囲みは巻頭口絵⑨Ⅰ，Ⅱの範囲を指す。
出典：現地調査により作成

図7-1　ニカラグア・アワルタラ流域の集落分布

定されているものの，実際には人口の過半数をメスティソ入植者が占め
ている。

　これらの市域の集落は，土地や資源を管理する目的で2007年に組織さ
れた領域政府（Gobierno Territorial）で土地や資源をめぐる交渉を行っ
ている。たとえば沖合にあるいくつかの島は領域政府の管轄下にあり，
先住民やクレオールの集落がそれぞれ慣習的な利用権を認められてい
る。集落の構成員は漁業のために季節的にこれらの島を利用し，その利
用ルールは同じ島に入り合う集落間の交渉で決定される。メスティソ集
落では，先住民らの自治権が確定した1987年以前の所有権取得者に対し
て，居住権が認められている。一方，先住民の共有地における農地や牧
場用地の新たな取得は違法であるにもかかわらず，個人間の交渉によっ
て違法な売買が行われ，土地と資源をめぐる先住民とメスティソの対立
が頻発している。

　深まる対立を理解するためには，それを単に異なる民族文化の対立と
とらえるのではなく，その生活を取り巻く環境変化を考える必要がある。
以下では具体的なウルワの生業活動を具体的に検討しながら，環境利用
の変化とその要因を考えてみよう。

●生業活動と環境利用の変化

　ウルワの一般的な食事を構成するのは，プランテン（バナナ），キャッ
サバ，コメなどの主食と魚や肉，豆などのたんぱく源である。カラワラ
村では二つのタイプの農耕が行われている。一つは森林での焼畑農耕で
ある。15〜20年ほどの休閑の後に，成長した木本類を伐採し，灰にして
農地を作る。焼畑はかつて流域で半定住的に生活していたウルワの一般
的な農法であった。斧や山刀を使った伐採は多くの労働力を必要とし，
「ミスラ」と呼ばれる労働交換制度がこれを賄っていた。ミスラは農地

所有者が準備する食事の共食を伴い，共同体の象徴として語られること
も多い。しかし1970年代後半まで続いた米国企業の進出により，木材伐
採やプランテーション，ゴム樹脂採集にウルワも従事し，これによって
労働力の貨幣化が進み，農耕のための伐採労働にも賃金が支払われるよ
うになった。内戦終結後のカラワラ村では，再び自給的な食料生産が始
まる一方，現金収入の機会は減少した。集落近くの農地ではミスラは今
でも行われるが，アクセスの悪い農地では賃金支払いが必要になり，現
金収入のない世帯による伐採が困難になると，焼畑に従事する世帯は減
少した。

　一方，河川氾濫原に立地する出づくり集落では，氾濫がもたらす肥沃
な土壌を利用して3年ほど連作する常畑が営まれている。これらの畑地
では，2〜3年の休閑の後若い木本類やタケなどを伐採し焼いて作物を
植え付ける。河岸の最も標高が高い自然堤防には主食として重要なプラ
ンテンを植え，出づくり小屋を作る。その背後の湿地ではイモ類やイネ
を栽培する。乾季に水位が下がると露出する河岸ではマメ類を植えるこ
とが多い。焼畑が困難になる一方で，伐採労働が少ない氾濫原の常畑は
村の食料源としてより重要な位置を占めるようになった。

　出づくり小屋の生活で人々が最も楽しみにしているのは豊富な動物た
んぱく資源である（**表7-1**）。流域の広い範囲で焼畑を行っていたスムの
諸集団は，森林で弓矢や槍，猟犬を用いてパカやペッカリー，ダマジカ，
アルマジロなどの哺乳類や野鳥を捕るほか，魚類や陸カメを採捕してき
た。一方，ピューマやジャガーが棲む森林は畏敬の対象でもあった。現
在のカラワラ村では，弓矢と槍による狩猟は行われていない。主に出づ
くり集落に滞在する世帯が，銃や網でペッカリーやシカ，カメ類などを
捕り，自給や販売に利用しているが，現金収入が減る中で，銃を持つ世
帯はわずかとなっている。哺乳類や野鳥に代わり，自給的世帯では氾濫

表7-1　カラワラ村における主な利用動物と害獣（鳥類・魚類を除く）

	和　名	学　名	用　途
哺乳類	ココノオビアルマジロ	*Dasypus novemcinctus*	◎
	パ　カ	*Cuniculus paca*	◎
	クチジロペッカリー	*Tayassu pecari*	◎
	ダマジカ	*Odocoileus virginianus*	◎
	ベアードバク	*Tapirus bairdii*	○
	クビワペッカリー	*Dicotyles tajacu*	○
	マザマシカ	*Mazama americana*	○
	アグーチ	*Dasyprocta punctata*	○
	テワンテペクジャックウサギ	*Lepus flavigularis*	○
	カワリリス	*Sciurus variegatoides*	ペット
	ジャガランディ	*Herpailurus yagouarondi*	害獣／毛皮
	ピューマ	*Puma concolor*	害獣／毛皮
	ジャガー	*Panthera onca*	害獣／毛皮
	なし（コウモリ目）	*Vampyrum spectrum*	害獣
	ヤブイヌ	*Speothos venaticus*	害獣
	アライグマ	*Procyon lotor*	害獣
	ハナジロハナグマ	*Nasua narica*	害獣
爬虫類・両生類	チュウベイクジャクガメ	*Trachemys venusta*	◎
	グリーンイグアナ	*Iguana iguana*	◎
	シロクチドロガメ	*Kinosternon leucostomum*	◎
	サソリドロガメ	*Kinosternon scorpioides*	◎
	カミツキガメ	*Chelydra serpentina*	○
	なし（アメリカヤマガメ属）	*Rhinoclemmys annulata*	○
	ツナギトゲオイグアナ	*Ctenosaura similis*	○
	アメリカワニ	*Crocodylus acutus*	害獣／皮
	メガネカイマン	*Caiman crocodilus*	害獣／皮

注：◎＝頻繁に捕獲・食用　○＝稀に捕獲・食用
出典：現地調査により作成

原や潟湖から得る魚類が動物たんぱく源の中心になった。こうして農耕
や漁撈の場としての河川氾濫原はその重要性を増しており，このことが
氾濫原を牧草地として利用する入植者との対立の一つの要因となってい
るのである。

4. 先住民の社会生態史と地名

●地名と場所の記録

　カラワラ村にはウルワ語とウルワ文化の継承を目的として設立された
NGOがあり，ウルワ語話者によって運営されている。筆者はこのNGO
と共同で，地名の収集を行った。この調査を開始するにあたり，地名採
集への参加メンバーを選ぶための話合いが持たれた。話合いに集まった
のは，村の長老会議のメンバー，自然資源や土地を管理する村の慣習的
リーダー（"シンディコ"）とNGOメンバーである。この話合いによっ
て3回の調査のメンバーに選ばれたのは，ウルワ語話者A氏（80代男
性），B氏（40代女性），C氏（70代女性），ウルワ語話者ではないD氏（80
代男性）とシンディコE氏（60代男性）である。A・B氏はカラワラ村
生まれ，C氏は上流のトマリン村生まれで，結婚前にカラワラ村に移住
した。D氏は北部自治州のミスキート集落出身，E氏はアワルタラ流域
のメスティソ集落出身で，結婚によってカラワラ村の居住者となった。
妻方居住が多数を占めるカラワラ村では，男性が他村出身であることは
一般的である。A氏とD氏はかつてゴム樹脂採集に従事し，ゴムの木を
探して流域の獣道を広範囲に歩いた経験があること，E氏はシンディコ
として頻繁に森に出向き，領域境界を知っていることなどから選ばれた。
　地名採集をするにあたり，ベースマップとして使用したのは1988年に
ニカラグア政府機関が発行した官製地図である。**巻頭口絵⑨ I**の地図範
囲は，河川が狭い谷を形成するアワルタラ上流に位置し，トマリン村の
領域の外側にある。地名a「ダパワス」（**表7-2**）はウルワ語地名で「サ
トウキビの川」を指す。官製地図には「アパワス」と表記されており，
ウルワ地名が誤記されているのがわかる。
　トマリン村の住民は，内戦前までダパワスから森に入って焼畑や狩猟

表7-2　アワルタラ流域における地名の事例

巻頭口絵⑨ 中 の 記 号	地　　　名	言　　語
a	ダパワス	ウルワ
b	マンゴ	英　　語
c	ブクサ	ミスキート
	サヒノ	スペイン語
d	トルノ	スペイン語
e	スムアワラ	ミスキート
f	ロマ・デ・スムアワラ	スペイン語
g	クリスマス・ツリー	英　　語
h	タウタリカ	ウルワ
	ラ・エスペランサ	スペイン語

出典：現地調査により作成

を行っていた。 bは英語地名であるが，かつてウルワの居住地があった
ことで知られる重要な場所で，カラワラ村にも知る人が多い。 cは官製
地図にはペッカリーを意味するスペイン語地名が表記されているが，ト
マリン村のウルワはここをミスキート語で「ブクサ」すなわちクビワペッ
カリーと呼んでいる。クビワペッカリーの生息域は主に上流域で，現在
下流域を生活圏とするウルワには狩猟の機会が少なく，そのウルワ語を
知る村人は少なくなっている。しかしこの岩場にペッカリーが現れるこ
とは知られており，かつてのウルワの猟場を示す地名として重要視され
ている。 dの地点は，西欧との接触以前にウルワが石に彫刻した動物像
が残されている場所である。近年この地域の大学が米国の援助を受けて

考古学的調査を行っており，過去のウルワの居住範囲を裏付ける遺跡として注目されつつある。トマリン村では土地をめぐる紛争を恐れて多くのウルワがカラワラ村に移住しており，この地域におけるウルワの居住や環境利用を示す必要性は高まっている。

　巻頭口絵⑨Ⅱの地図範囲は，ウルワの出づくり集落が多く分布するアワルタラ下流で，メスティソ集落との境界にあたる地域である。広い氾濫原は優良な漁場である一方，乾季には草地を提供する。ここでは土地をめぐる紛争が頻発しているが，それを避けるための交渉もなされてきた。地名eはミスキート語で「スムの川」を指し，fはその川を見下ろす丘に付けられたスペイン語地名である。これらの地名はウルワの人々にとって，他集団からの承認を示す重要な地名である。gは英語地名であり，この地域でゴム樹脂採集や狩猟に従事したウルワとミスキートにとって思い出深い丘である。彼らはこの丘で，広い氾濫原に住むワニやジャガーから逃れて休んだこと，この地域の米国企業で働き，英語を話した経験を語る。ミスキート語にはイギリスとの接触に由来する多くの英語が使われており，ウルワとミスキートが，先住民として共有した経験や，土地への権利を中央政府に対して主張する上で，英語地名はしばしば重要なよりどころとなる。hには集落が立地し，メスティソにより「希望」という意味のスペイン語地名が付いている。E氏の母親はメスティソ移民一世としてここに住み，かつてこの付近がウルワ語で「ヤシの湾曲部」と呼ばれていたことを知っている。E氏はウルワ語地名について多くの知識を持ち，領域政府における交渉で重要な役割を果たしており，村人の信頼も厚い。

●地図の社会生態史

　最後に，本事例から再び先住民地図の意義と課題を考えてみよう。先住民ウルワの活動域を示す地名は，現在の居住の中心から離れた河川上流域にも分布している。かつて広範囲に狩猟や農耕が行われた流域には，多様な動物や自然環境を示す地名が残されている。それらの地名を地図に掲載し，その意味や経験を語ることは，先住民の土地を主張するだけではなく，ウルワ語を話せず，狩猟の経験が少ない村人が自らのルーツを知る上でも重要である。降水量変化の影響を受けやすい氾濫原への依存に危機感を感じる村人の中には，ミスラを復活し，自給的な農耕・狩猟技術を見直そうという動きもある。ウルワと自然の新たなかかわりを作ろうとする文脈の中で，地名や場所が選択され，地図が作られている。地図は先住民の生態史を単に反映するだけではなく，今後のかかわりを構成する知識でもある。

　一方，現代に生きる先住民にとって重要な場所は，必ずしもその集団独自の言語や，伝統的生業に関わるものだけではない。考古学的な発掘によって明らかになったウルワの痕跡，内戦時の経験や米国企業進出の時代を共有した場所などは，英語やミスキート語，スペイン語などで表され，その地名言語自体が他集団との連帯や交渉の歴史を物語っている。そうした交渉の中で，他集団からの承認を示す地名はとりわけ重要である。先住民の居住や狩猟をミスキート語で示す地名は，集団相互を認め合いながら入会地として環境を利用してきた証でもある。そして政府が発行する官製地図も注意深くみれば，先住民の資源利用や社会関係が反映されている。近年の先住民地図では，場所に関する語りを地図に組み込む試みもある。こうした工夫は地図を「人格的な知識」とし，今後の社会を考える道具としてより意義あるものにするだろう。地方分権化によって設定された行政区域内で，生業の場をめぐる集団間の対立はます

ます顕在化する傾向にある。困難な状況の中でカラワラ村では持続的な生業のための土地を確保すべく議論を重ねており，その議論には多様な出自の村人が参加している。先住民の文化と自然を尊重しつつ，地域に生きる人々に開かれた議論をするための地図のあり方とは何か。今後も実践の中から学ぶ必要があるだろう。

参考文献 ▎

● 池口明子 2017.　先住民マッピング.　若林芳樹・今井　修・瀬戸寿一・西村雄一郎編『参加型 GIS の理論と応用―みんなで作り・使う地理空間情報』82-90.　古今書院.

● フレイレ, P. 著, 三砂ちづる訳 2018.『被抑圧者の教育学―50 周年記念版』亜紀書房.　Freire, P.1968. *Pedagogia do oprimido.* São Paulo: Paz e Terra.

● Chambers, R. 2008. *Revolutions in development inquiry.* London: Routledge.　チェンバース, R. 著, 野田直人監訳 2011.　『開発調査手法の革命と再生―貧しい人々のリアリティを求め続けて』明石書店.

● Chapin, M., Lamb, Z. and Threlkeld, B. 2005. Mapping indigenous lands. *Annual Review of Anthropology* 34: 619-638.

● Freeman, M. 2011. Looking back―and looking ahead―35 years after the Inuit land use and occupancy project. *The Canadian Geographer* 55: 20-31.

● González, M. 2015. Indigenous territorial autonomy in Latin America: An overview. *Latin American and Caribbean Ethnic Studies* 10: 10-36.

● Green, T. 1999. *A lexicographic study of Ulwa.* Ph.D. thesis, Massachusetts Institute of Technology.

● Harley, B.J. 1988. Maps, knowledge, and power. In *The iconography of landscape: Essays on the symbolic representation, design and use of past environments.* eds. D. Cosgrove and S. Daniels, 277-312. New York: Cambridge University Press.　ハーリー, B.J. 著, 山田志乃布訳 2001.　地図と知識, そして権力.　千田　稔・内田忠賢監訳『風景の図像学』395-441.　地人書房.

● Hickey, S. and Mohan, G. 2004. *Participation: from tyranny to transformation: Exploring new approaches to participation in development.* London: Zed Books.　ヒッキィ, S.・モハン, G. 著, 真崎克彦監訳・谷口英里共訳 2008.『変容する参加型開発―「専制」を超えて』明石書店.

● Mommonier, M. 1991. *How to lie with maps.* Chicago: The University of Chicago Press.　モンモニア, M. 著, 池辺　潤訳　1995.『地図は嘘つきである』晶文社.

● Newson, L.A. 1987. *Indian survival in colonial Nicaragua.* Norman and London: University of Oklahoma Press.

● Rundstrom, R.A. 1995. GIS, indigenous peoples, and epistemological diversity. *Cartography and Geographic Information Systems* 22: 45-57.

● Sletto, B.I. 2009. "We drew what we imagined" : Participatory mapping, performance, and the arts of landscape making. *Current Anthropology* 50: 443-476.

● Wainwright, J. and Bryan, J. 2009. Cartography, territory, property: Postcolonial reflections on indigenous counter-mapping in Nicaragua and Belize. *cultural geographies* 16: 153-178.

8 | 治水と利水の環境改変史

祖田　亮次

《**本章の目標＆ポイント**》　環境改変と景観形成がどのような関係にあるかを考察する。その事例として河川事業の歴史を振り返ることで，技術の移転や開発が重要な意味を持っていたことを理解する。また，人間と環境との関係をみる場合，考察の対象とする時空間スケールの設定の仕方によって，環境改変や景観形成に対する認識や評価がどのように変化しうるのかを考えてみよう。

《**キーワード**》　環境改変，景観形成，技術移転，河川流域，地域間関係

1. 河川流域の地域間関係

●ヤマタノオロチ神話

　八俣遠呂智（オロチ）の説話は古事記や日本書紀に記載されている物語だが，子ども向けの絵本として描かれることも多く，広く日本人に知られている。そのあらすじは，おおよそ次のようなものである。

＊

　神々の住む高天原で数々の過ちを犯した須佐之男命（スサノヲ）は，高天原から追放され，出雲の肥河に降り立つ。その川沿いを歩いていると，悲嘆に暮れている老夫婦とその娘の櫛名田比売（クシナダヒメ）に出くわす。わけを聞けば，毎年オロチが村を襲って，若い娘を呑み込んでしまう。今年もオロチがやってくる時期になり，村に残った最後の娘が食われてしまうかと思うと悲しくて泣いているという。そこで，スサ

ノヲはオロチ退治を申し出る。村に降りてきたオロチに酒を飲ませ，寝入ったところを切り刻むと，オロチの尻尾から草那藝之大刀（くさなぎのたち）が現れた。スサノヲはこれを天照大御神（あまてらすおおみかみ）に献上し，クシナダヒメと結婚し，出雲の地に居を構えた。

＊

　この神話には多くの解釈が施されている。よく知られるのは，オロチは河川の形状や洪水氾濫の象徴であり，スサノヲは治水の神であり，クシナダヒメは稲や田の神であるという解釈である（佐佐木 2007; 高田ほか 2012）。つまり，人々の生存基盤である水田を洪水氾濫の被害から守ることで国を治める物語であろうということだ。そこには，古くからせめぎあってきた人間と自然環境との関係性が暗喩されているというわけである。

　あるいは，別の解釈もある。オロチの尻尾は斐伊川（ひいかわ）（図8-1）の上流を意味しており，そこから出てきた剣は，山間部における鉄生産（たたら製鉄）を象徴しているという解釈である。中国山地では古くからたたらによる製鉄が行われていたが，貴重な産物を生産する山地の集団を平地の農耕集団や政治勢力が平定・統治する過程が象徴されているという（水澤 2011; 森 2017）。つまり，それは山地と平地，あるいは上流と下流との社会関係を示しているという説である。

　これらの解釈が妥当かどうかは別として，地理学的見地からみたとす

出典：左）筆者作成，右）2015年3月筆者撮影

図8-1　斐伊川流域図（左）と斐伊川放水路（右）

れば，前者の解釈は，洪水頻発地域のミクロスケールにおける人間―環境関係に注目したものであり，後者の解釈はより大きな空間スケールでの地域間関係に注目したものといえるだろう。

●上流―下流の地域間関係

　神話に込められた意図の真偽は定かではないにせよ，物語の舞台とされる斐伊川流域の歴史をみれば，上流と下流とのさらに複雑な関係性がみえてくる。たたら製鉄が大規模に行われるようになった近世以降，上流の山林開発が下流の洪水氾濫を頻発化，激甚化させてきた可能性はしばしば指摘される（たとえば，大矢 2010）。

　近世以降のたたらは，山肌を削り，それらの土砂を斐伊川水系から導いた人工水路に流すことで（鉄穴流し），比重の軽い土砂を押し流し，比重の重い砂鉄を水路の底に沈め，その砂鉄を鍬等で掬って集めた。一方，水路の水と土砂は再び斐伊川に戻され，下流まで運搬されていった。たたらの大規模化は，利水技術の進展によって可能になったといえる。しかし，そのことが斐伊川下流や宍道湖などの河床，湖床の上昇を招き，水害リスクを高めることになったと推察される（宮本 1960）。特に，宍道湖と中海をつなぐ大橋川周辺には松江の市街地が存在し，降雨が続いた際には，この細い水路が溢れ大規模な水害に見舞われることもあった（大矢 2010）。

　近世以降，治水技術の進展に伴い，斐伊川流域では河道の付け替えを含む各種の対策が施されてきたとはいえ，松江の街のリスクが解消されることはなかった。こうしたリスクを大幅に軽減するために，旧建設省・国土交通省はさまざまな治水事業を計画した。中でも大規模な事業として，斐伊川上流での尾原ダムの建設（1987年着手，2011年竣工），斐伊川と神戸川をつなぐ放水路の建設（1996年着手，2013年完成），そして

大橋川の拡幅（2011年着手，建設中）の３事業がある（**図8-1**）。これら
は「平成のオロチ退治」と喧伝され，大きな話題となった。

　尾原ダムは，その計画発表（1976年）の時点から，住民による建設反
対運動が起こり，工事着手までに約20年を要したが，結局111戸の移転
を伴うかたちで建設されることになった。ダム建設や河川流路の変更等
は，その益を受ける受益圏と，何らかの不利益を被る受苦圏を生み出す
ことになる。特に治水ダムの建設は，下流における水害軽減という受益
のために上流が受苦を強いられる地域間の葛藤を顕在化させる。

　斐伊川流域は，上流の山林開発と下流の水害リスク増大という歴史を
有する一方，現代では下流の防御を目的とした上流でのダム建設にみら
れるように，流域内の地域間関係は，時代により，状況により，つねに
変化してきたのである。

2.　環境改変と景観形成

　河川をめぐる上流—下流関係を考えるための別の事例として，明治期
の淀川流域を取り上げてみよう。明治政府は多くの外国人専門家を招聘
し，技術や制度の近代化を推し進めようとした。河川技術に関しては，

出典：2021年２月筆者撮影

図8-2　木津川支流不動川の砂防堰堤

1872（明治5）年にオランダ人技術者たちを呼び寄せて、各種の河川改修事業を行った。そのうちの大規模事業の一つとして淀川水系の改修が挙げられる。

当時、淀川下流域は土砂堆積により河床が上昇していたため、洪水氾濫のリスクが高まっていたと同時に、舟運にも支障をきたしていた。オランダ人技術者たちは、これらの問題の解消、つまり、治水と利水を両立させる河川改修を求められたのである。

淀川下流の土砂堆積を上流域の山林開発の結果と推測したオランダ人技術者たちは、淀川上流の各所で調査を行い、過剰な木材伐採によって山が荒れ、大量の土砂流出が発生していることを確認した。そこで、山地での植林作業を行うと同時に、砂防堰堤群の建設を進めることにした。主要な土砂供給源であった淀川支流の木津川周辺には、当時作られた砂防堰堤群が現在も残っており、その一部は京都府の指定文化財となっている（**図8-2**）。

オランダ人技術者たちは、上流での土砂供給の抑制を図る一方で、淀川下流ではワンド（湾処）を建設することにより排砂機能を高めることにした。ワンドとは、河川内で構造物によって囲まれ池のようになっている地形のことである（**図8-3**）。通常の河川流量の場合は、実質的に川幅が狭められるため流れが速くなり、土砂を下流に押し流す力が強くなる。水位が高くなると仕切りを越えてワンドの部分も水が流れるため、一定の治水効果を維持できる。このようにオランダ人技術者は、上流で土砂を堰き止め、下流の流砂機能を回復させることで、淀川下流の治水能力を高めつつ、舟運を確保した。彼らは、上流の山地も含め、流域全体という空間スケールを視野に入れた河川改修を行ったといえるだろう。

日本の河川をコントロールするには、水の流れだけではなく、土砂の

流れに注目しなければならない。それは，日本が新期造山帯に位置して
おり，隆起と侵食が活発であること，特に花崗岩が卓越している地域で
は，斜面崩壊が頻繁に発生し真砂土と呼ばれる土砂の供給が豊富である
ことなどが要因となっている。本章第1節でみた斐伊川上流域も，淀川
支流の木津川流域も，真砂土の供給地であり，治水にせよ利水にせよ，
この真砂土のコントロールが重要になる。オランダ人による河川改修は，
その後，日本に高度な砂防技術を定着させる契機となり，現在の河川業
界においては，sabo（砂防）という単語が国際的にも通用する。

　一方，下流のワンドは，現在では水際を好む植生が繁茂している。
1970年代に，国の天然記念物であるイタセンパラの生息が確認されたこ
とから，環境に優しい工法として再認識されるようになり，2010年に大
阪市の「都市景観資源」に指定された。砂防堰堤もワンドも建設当時と
してはかなり大規模な土木工事であったが，これらは，人間による環境
改変が文化景観の形成過程として現代的に再評価された事例といえる。

　同様のことは，第1節で示した斐伊川上流における山林開発でもみら

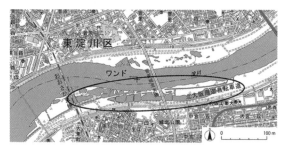

出典：上）国土地理院電子地形
　　　図をもとに作成
　　　下）2019年筆者撮影

図8-3　淀川の城北ワンド

れる。山林を切り崩して鉱物を採取する作業は，大規模な環境改変を伴う。たたら集団は，そうして切り崩した斜面を整地し，棚田を造成していった。その景観は，現在では農林水産省の「棚田百選」（奥出雲町大原新田，1999年）に選定されているだけでなく，文化庁が指定する「重要文化的景観」（2014年）の主要な構成要素の一つとされている。長い歴史の中で人々が自然環境と調和的な関係を築き上げてきた景観として，現代的な評価がなされており，そこで生産される仁田米はブランド価値を高めつつある。

　人間による自然環境への大規模な介入は，環境破壊につながるかもしれないが，それは景観形成の歴史でもある。その景観に対する評価は，人間―環境関係をどのような時間スパンでとらえるのかによっても異なってくる。環境やその改変に関する価値観も常に変化しうるといえる。

3.　治水・利水技術の東アジア的展開

●河川技術の移転

　本章第 2 節ではオランダ人技術者による淀川流域での河川改修を紹介した。彼らが日本各地で行った事業は，「日本の川を蘇らせた」と高く評価されることが多い（上林 1999）。しかし，実は明治政府内においては，オランダ人技術者を招聘することに対する疑問も提示されていた（石崎 1990; 松浦 1990）。それは，ライン川河口の小国で，国土の大半が干拓でできたような低平地の技術者が，日本の急流河川をコントロールできるのか，という疑問であった。

　日本の大都市の多くは，河川下流部の沖積平野に形成されている。ライン川の河口を国内に抱え，低平地を守る術を熟知したオランダ人を採用することの妥当性はそこにある。「開国」に伴い日本各地の港湾整備が重要性を増したことも，海洋大国オランダの技術者を招聘する理由と

なった（上林 1999）。それに加えて，彼らは，当時のオランダ植民地ジャワ島（現在のインドネシア）での経験もあった。ジャワ島と日本の本州は地形的・地質的な類似性がある。実際，オランダ人技術者は明治政府に対して，ジャワ島視察を何度も提案していたという。

　こうしてオランダから（一部はジャワ島を経由して）もたらされた「近代」技術は，まもなく日本に定着し，成長した日本人技術者がフランスやアメリカ等に留学して，より新しい技術を身に付けることになった。明治期後半になると，日本国内においてもオランダ人の技術は「一昔前の」（松浦 1992）ものとみなされるほど，日本の河川技術は飛躍的に向上した。そして，明治末期以降，それらの技術が台湾や朝鮮半島，その後は満洲（現在の中国東北部）などに移転されることになった。

　土木技術の地域間移転に関していえば，道路や鉄道，都市建設等は比較的迅速になされたが，自然そのものを相手とする河川技術の移転はそれほど容易なことではなかった。地形や地質，気候等の相違を考慮すれば，技術をそのまま移転することが困難であることは容易に推察できるだろう。実際，オランダ人技術者が日本で河川改修を行ったときも，在来の技術を適宜取り入れながら整備し，規格化・大規模化を進めたと考えられる（祖田 2021）。

　植民地に向かった日本人技術者からすれば，気候の大きく異なる台湾や，大陸的の地形を持つ朝鮮半島西部・北部では，「内地」とは異なる新たな技術を導入・開発しなければならず，部分的に在来の技術を参考にすることもあった。このような「外地土木」（島崎 1996）は多くの困難に直面したが，それは逆にいえば，技術者にとっては新たな挑戦ができる場として，植民地が大きな意味を持つようになったのである。

●治水から利水へ─技術の実験場

　植民地下の台湾や朝鮮における河川事業は，洪水被害への事後的対処
と，大河川の流域調査から始められた。たとえば台湾では，台湾総督府
内務局の河川関係費の予算は**図8-4**のような変遷をたどった。統治の初
期段階では，予算の大部分は被害を受けた河川流路の修復または改修に
使用されていた。数度の大規模な洪水被害を経験した後，総督府は1910
年代から河川調査に多くの予算を投入し，1920年代になって治水事業費
が一定額を占めるようになる。

　朝鮮半島でも1915年に実質的な河川調査事業が開始され，大河川での
本格的な改修事業着手（1924年）までに9年間を費やしている。内地と
異なる地形や気候の中で自然環境を相手にすることは，容易なことでは
なかったと思われる。

　そして1920年代になると，治水事業に加えて，灌漑や電源開発のため
の利水事業が本格化していく。ここにおいて，植民地における大規模な
環境改変が加速したといえる。それらの事業の中には，内地では実現困
難なものも数多く含まれていた。たとえば，朝鮮北部の赴戦江ダムは流

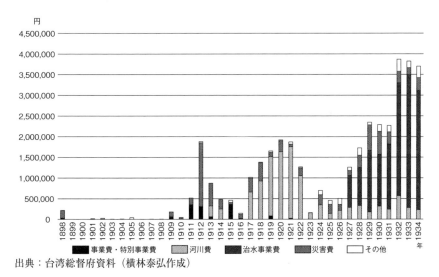

出典：台湾総督府資料（横林泰弘作成）

図8-4　植民地期台湾における河川関連予算の推移

域変更方式で建設された。流域変更方式とは，緩やかな斜面を流れる河川を堰き止め，山脈を貫くトンネルに水を流して，分水嶺の反対側の落差が大きい斜面に流路を変更するというものである。大きな落差を確保して大規模な発電を行うもので，もともとは内地の大井川で計画されていたが，環境面での（安全性の）問題や社会的・経済的な問題から実現しなかった（谷川 2017）。それが朝鮮半島で試されたのである。

朝鮮北部の国境河川である鴨緑江での水豊ダム建設は，日本の影響下で対岸に満洲国が成立したことで，開発が可能になったものである。当時世界最大級のダム建設で，7万人もの住民が移転を余儀なくされた。この事業は，内地の逓信省水力課長ですら，技術的に「むちゃな計画」と難色を示していた（大谷 2020）。しかし，実現性が問題視されるこれらの事業が次々と成功していったことをみれば，植民地における河川技術は，内地の技術を凌駕するまでに発達していたと考えてよいであろう。

表8-1は植民地期の台湾と朝鮮で行われた主要な河川事業を挙げたもので，日本（帝国）初，東洋一，世界最大（級）といった形容詞が付与される事業がいくつも展開された。技術者にとって，内地では実践し得ない難事業を，新たな技術で実現させていくことは，大きな魅力であっ

表8-1　植民地期台湾・朝鮮における主な河川事業

地 域	事 業	着手年	竣工年	備 考
台 湾	日月潭	1919	1934	当時東洋一のダム
	嘉南大圳＋烏山頭ダム	1920	1930	当時日本最大の灌漑＋世界最大のダム
	二峰圳ダム	1921	1923	日本初の地下堰堤
朝 鮮	赴戦江ダム	1926	1929	当時日本最大の流域変更方式
	水豊ダム	1937	1941	当時世界最大（級）のダム
	華川ダム	1939	1945	朝鮮初の多目的ダム

出典：大谷（2020），地福（2017）ほかより筆者作成

たと思われる。こうした「冒険的技術者」（中川 2017）の存在が，河川技術の進展に大きく寄与したといえる。その意味で，植民地は「技術の実験場」として機能していたのである。

　異なる文化や文明が出会うときに，科学や技術や専門知が伝播するだけでなく，両者の「知」が融合することもある。科学や技術というものは一般化・普遍化の志向性をもつ一方で，偶発的でローカルなものとなる場合もある（ラジ 2016）。特に自然環境を相手にする場合，その傾向は強くなるといえるだろう。科学や技術の生産における「場所」の重要性は，英国科学振興協会地理学部門代表を務めたD.リビングストン（2014）も強調している。そしてそこからまた，他所でも適用・応用可能な部分が抽出され一般化が志向されるという「循環」が生じるのである。こうした観点から環境改変や景観形成の過程をとらえることは，地理学的な切り口として重要になるであろう。

4.　開発の時代から環境の時代へ

　1945年の日本の敗戦は，「外地」にいた技術者たちにも大きな影響を与えた。終戦後も現地に残り，施設のメンテナンスや現地技術者の教育に携わった者は少なくないが，大半は日本に「帰国」した。植民地や満洲で培われた河川技術は，戦後の日本の復興に活かされることも多く，それは，内地への技術の「還流」（広瀬 2017）あるいは「環流」（木方・味園 2017）とでもいうべきものであった。

　そして，日本に還流した技術は，その後，戦後賠償・政府開発事業（ODA）というかたちで，再び東アジアや東南アジアへと移転されていくことになる。ビルマのバルーチャン開発がその先駆けとなったが，そこで指揮を執ったのは終戦時，朝鮮から「帰国」して土木技術コンサルタント会社「日本工営」を立ち上げた久保田豊であった。初期のODA

事業には，こうした「植民地技術者」たちが数多く関与し，戦前戦中に
朝鮮半島や台湾を基点に視察や調査を行っていた場所での事業も少なく
なかった。台湾や朝鮮は，「南方」や中国大陸部への進出を見越した調
査戦略拠点でもあったといえる。その意味で，河川技術の展開過程とい
う観点からみれば，1945年はかならずしも「断絶」の時期ではなく，そ
こには技術移転をめぐる連続性をみてとることもできる。つまり，技術
の「循環」は続いていたのである。

　こうして，日本を含む戦後の東アジア・東南アジアの河川環境の改変
は，日本人技術者が牽引することになった。それは，治水にせよ利水に
せよ，規模拡大が急速に進んだ時期でもあったが，20世紀末になると，
こうした巨大（公共）事業に対する批判が噴出する。その批判の一つに
「環境破壊」が挙げられる。日本国内において重要な契機となったのが，
1980年代末から1990年代初頭に展開された長良川河口堰建設への反対運
動であった。

　長良川河口堰は，周辺の生態系を破壊する無駄な公共事業として批判
され，全国的な反対運動が展開された（伊藤 2005）。それは，市民によ
る環境運動の先駆けであったといえる。この顛末もあって，1990年には
建設省から各地方建設局に対して「多自然型川づくり」と呼ばれる環境
に配慮した河川改修の推進が通達され，その後1997年に法制化された（祖
田・柚洞 2012; 角 2020）。この多自然型川づくりの理念的なモデルとさ
れたのは，ドイツ・スイスを中心にヨーロッパで1970年代から行われて
いた「近自然」工法であり，それは河川景観を再生（あるいは創造）す
るための新たな技術とみなされたが，当時の建設省は具体的な設計・施
工方法をマニュアルとして示すことはなかった（祖田・柚洞 2012）。

　日本の河川技術者たちが「多自然」とは何かを考え，新たな河川景観
の形成を試行錯誤する中で注目されたのが，いわゆる「伝統」工法であっ

た。「伝統」的河川工法とは，富野（2002: 11）の考え方を要約すれば，人間が自然を支配する工法ではなく，本来の風土を損なわないよう，自然の再生力や洪水のエネルギーを巧みに利用し，水辺の生態系と川そのものを活かす河川技術となる。1990年代以降に再注目された「伝統」工法の多くは，明治初期にオランダ人技術者によって導入・整備されたものであり，1970年代まで日本各地でこれらの工法が使われていた。オランダから（一部ジャワ島経由で）伝えられた「近代」技術は，100年余りの時を経て突如，日本の「伝統」工法となったのである。

　興味深いのは，2000年代以降，こうした「伝統」工法が再評価され，さらに台湾やラオスなどの東アジア・東南アジアへと「再」輸出され始めたという点である。また，「伝統」工法の技術移転だけでなく，河川景観の「再生」をめざす技術者間の国際的なネットワークが形成されつつある（後藤ほか 2018）。

　このように，人間と河川との関係はつねに変化し続けてきた。「環境の時代」と呼ばれる現代においても，大規模な河川改修や利水目的の開発は続けられている。そうした環境改変事業の過程において，近年の動向として注目されるのは次の諸点である。まず，治水・利水事業による環境破壊の問題は技術的に克服できるのかどうか，あるいは技術的な解決のみに依存してよいのかどうか，という議論である。もう一つは，流域全体を視野に入れた低インパクト開発（low impact development）という考え方の浸透である。個々の事業の評価と同時に，流域全体を見渡すマクロスケールの視点が重視されつつある。河川環境をめぐる今後の議論にとって，地理学におけるマルチスケールの考え方は重要な意味を持ちうるであろう。

参考文献

- 石崎正和 1990. わが国河川技術の近代化に関する考察. 土木史研究 10: 185-189.
- 伊藤達也 2005. 『水資源開発の論理』成文堂.
- 大谷真樹 2020. 日本統治期の朝鮮における水力開発事業の展開. 空間・社会・地理思想 23: 69-92.
- 大矢幸雄 2010. 斐伊川治水の歴史と水郷松江. 水利科学 54(2): 1-18.
- 角 一典 2020. 環境制御システム論による過程分析の可能性―戦後日本の河川行政と環境制御システムの変容過程. 茅野恒秀・湯浅陽一編著『環境問題の社会学―環境制御システムの理論と応用』199-225. 東信堂.
- 上林好之 1999. 『日本の川を甦らせた技師デ・レイケ』草思社.
- 木方十根・味園将矢 2017. 近代都市計画の技術的基盤―土木技師・梶山浅次郎にみるその体現. 中川 理編 2017. 『近代日本の空間編成史』325-368. 思文閣出版.
- 後藤勝洋・土屋信行・阿部 充・佐治 史・澤田みつ子 2018. アジアにおける河川再生のためのネットワーク構築と活用に関する研究. リバーフロント研究所報告 29: 95-102.
- 佐佐木隆 2007. 『日本の神話・伝説を読む―声から文字へ』岩波書店.
- 地福進一編 2017. 『八田與一と鳥居信平―台湾にダムをつくった日本人技師』二宮尊徳の会.
- 島崎武雄 1996. 土木史研究が目指すべきもの. 土木史研究 16: 697-702.
- 祖田亮次 2021. 河川改修における「伝統」工法とは何か―「技術」と「わざ」のあいだ. 床呂郁哉編『わざの人類学』121-148. 京都大学学術出版会.
- 祖田亮次・柚洞一央 2012. 多自然川づくりとは何だったのか? *E-Journal GEO* 7: 147-157.
- 高田知紀・梅津喜美夫・桑子敏雄 2012. 東日本大震災の津波被害における神社の祭神とその空間的配置に関する研究. 土木学会論文集 F6（安全問題）68(2): I_167-I_174.
- 谷川竜一 2017. 朝鮮巨大電源開発の系譜―大井川から赴戦江へ. 中川 理編『近代日本の空間編成史』369-402. 思文閣出版.
- 富野 章 2002. 『日本の伝統的河川工法［I］』信山社サイテック.
- 中川 理編 2017. 『近代日本の空間編成史』思文閣出版.

● 広瀬貞三 2017.　朝鮮総督府の土木官僚本間徳雄の活動―朝鮮・満洲国・中国・日本.　福岡大學人文論叢 49: 589-624.

● 松浦茂樹 1990.　明治初頭のお雇いオランダ人技術者の来日の経緯.　水利科学 34 (3): 1-12.

● 松浦茂樹 1992.　『明治の国土開発史―近代土木技術の礎』鹿島出版会.

● 水澤龍樹 2011.　『日本のまつろわぬ民―漂泊する産鉄民の残痕』新人物往来社.

● 宮本常一 1960.　中国地方の山々―荒れはてた山河の歴史.　水利科学 4(1): 156-168.

● 森　俊勇 2017.　『「たたら製鉄」と「鉄穴流し」による山地の荒廃と土砂災害』（砂防フロンティア研究所研究報告書）.

● ラジ，K.著，水谷　智・水井万里子・大澤広晃訳 2016.　『近代科学のリロケーション―南アジアとヨーロッパにおける知の循環と構築』名古屋大学出版会. Raj, K. 2007. *Relocating modern science: Circulation and the construction of knowledge in South Asia and Europe, 1650-1900*. Houndmills and New York: Palgrave Macmillan.

● リビングストン，D.著，梶　雅範・山田俊弘訳 2014.　『科学の地理学―場所が問題になるとき』法政大学出版会. Livingstone, D.N. 2003. *Putting science in its place: Geographies of scientific knowledge*. Chicago: University of Chicago Press.

9 | 都市と災害

村山　良之

《**本章の目標＆ポイント**》　日本は，環太平洋造山帯にあり，また台風や梅雨前線の影響も強く受けるため，特に地震や大雨による自然災害リスクへの対応が必要な位置にある。近代以前から都市の多くは平地に展開してきたが，戦後は周辺の低地にそして丘陵地等に急激に都市化が進行した。前者は水害，後者は土砂災害のリスクを伴っている。日本の都市における自然災害リスクの拡大と都市計画による防災の取組みについて検討する。

《**キーワード**》　自然災害，誘因と素因，土地条件，ハザードマップ，地形，DID，都市計画

1. 地形と災害

●地形の成り立ちと災害リスク

　地形とは，地表面の形状であり，地表の起伏や高低のことである。地形は，低地，台地，丘陵地，山地に大まかに分類することができる（**図9-1**）。丘陵地と山地は，侵食作用によって形成されつつある（変化しつつある）地形であり，低地は，山地や丘陵地から水で運ばれてきた土砂の堆積作用によって，すなわち氾濫の繰り返しによって形成されつつある地形である。一方，台地は，崖や谷の部分で侵食作用があるものの，全体として侵食作用も堆積作用も小さい地形である。自然災害は，このような地形の有り様と密接に関連する。山地や丘陵地は土砂災害のリスク，低地は水害のリスクが高いのに比べて，台地は災害のリスクが低い。

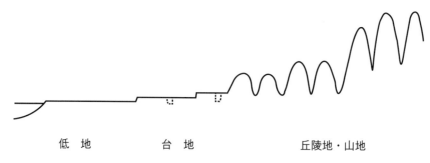

低　地　　　　台　地　　　　　　丘陵地・山地

注：台地にある破線は浸食谷
出典：村山・松多（2021）より作成

図9-1　地形の模式断面図

　土地の高低は，いうまでもなく，氾濫の際に浸水の有無や深さに対して決定的に重要である。もともと氾濫しやすい低地は，低くて平らな地形であるが微妙な起伏があり，それら微地形ごとに以下のような特徴がある（**表9-1**）。河川のそばで砂が堆積してできた自然堤防や海岸部の砂州や砂丘[注1]等の微高地は，浸水しにくいため集落や畑として，逆にこれらより低い泥が堆積してできた後背湿地等は水田として，それぞれ古くから利用されてきた。また，地形は表層地盤と密接に関係するため，たとえば，一般に頑丈な地盤の台地に対して，低地，特に軟弱な後背湿地等では，地震動が大きくなりやすい。

　このように地形は，災害リスクと密接に関連しており，災害の土地条件としての指標性が高いと評されてきた。その場所の地形がわかると災害リスクがある程度わかるということである。ハザードマップの多くは，地形（詳細な標高データ等）を基につくられており，さらにはハザードマップの想定外についても地形を基に考えることができる。

表9-1　低地内の微地形ごとの特徴と災害リスク

低地の 微地形	堆積物 （表層地質）	形　状	主な伝統的土地利用	水　害 （土石流）	地　震 （液状化）
扇状地	レキ，砂	緩く傾斜	畑　（集落や水田も）	△（×）	○
自然堤防	砂	少し高い	集落，畑	○〜△	△〜×
後背湿地	泥	少し低い	水田	×	×
旧流路	泥（水）	低い	水田，水域（三日月湖）	××	××
三角州	泥，砂	低い	水田等	×	×
砂丘・浜堤	砂	少し高い	砂山，松林，畑	○〜△	○（×）
参考：台地	－	高い	畑（集落や水田も）	○　谷×	○

注：災害リスク＝○低〜△〜×高
出典：村山・松多（2021）より作成

●**自然災害の原因―誘因と素因**

　自然災害の原因について，そのきっかけとなる大雨等を誘因とし，発災前からの（被災）地域の条件群を素因として，重層的にとらえる災害論が，日本では戦前から培われてきた。**図9-2**は，戦後の地理学者の議論等も踏まえて，まとめたものである。上でみた通り，この中にある土地条件として，地形が重要である。

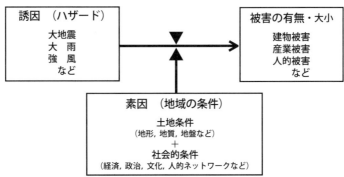

出典：村山（2018）より作成

図9-2　自然災害の原因

2. 都市化の進行と地形

●日本の都市はどんな地形につくられてきたか

　日本における近世以降の都市は，広い後背地を控えて交通も便利な平地に形成され，これが近代都市発展の基礎になった（矢嶋 1956）。1960年の国勢調査では，実質的な都市的領域を画定するため人口集中地区（DID）が初めて設定された。その結果を基に，斎藤（1965）は，地形ごとのDID面積が低地68.0％，台地23.9％，丘陵地4.4％，山地等3.4％等であることを明らかにした。1960年当時においても日本の都市域（DID）のうち91.9％は平地（低地と台地）に展開しており，矢嶋の指摘を定量的に裏付けたことになる。そして，ちょうどその頃以降，日本では急激な都市化が進行した（**図9-3**）。近年はその伸びが鈍化しているものの，1960年と2015年のDIDを比較すると，人口は2.1倍，面積は3.3倍になった。

　表9-2は，1960年と2005年におけるDIDの地形別面積を，GISで計測

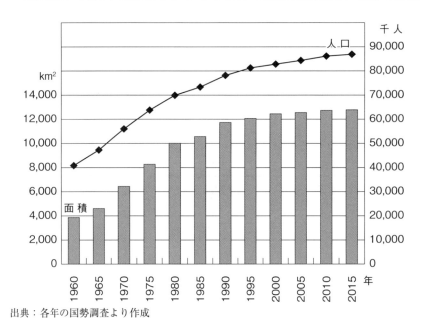

出典：各年の国勢調査より作成

図9-3　DIDの推移（1960〜2015年）

表9-2 地形別のDID面積（1960年・2005年）

		山地等	丘陵地	台 地	低地埋立地等	合 計
全 国	1960 a (km²)	141	131	987	2,598	3,858
	2005 b	469	991	3,541	7,572	12,574
	1960 (%)	3.7	3.4	25.6	67.3	100.0
	2005	3.7	7.9	28.2	60.2	100.0
	b/a	3.3	7.5	3.6	2.9	3.3
東 京	1960 a (km²)	1	17	417	508	943
50km圏	2005 b	5	251	1,338	1,465	3,058
	1960 (%)	0.1	1.8	44.2	53.9	100.0
	2005	0.2	8.2	43.7	47.9	100.0
	b/a	5.2	14.4	3.2	2.9	3.2
名古屋	1960 a (km²)	0	6	74	174	254
40km圏	2005 b	2	112	289	643	1,047
	1960 (%)	0.1	2.2	29.2	68.5	100.0
	2005	0.2	10.7	27.6	61.5	100.0
	b/a	8.4	19.9	3.9	3.7	4.1
大 阪	1960 a (km²)	5	13	106	473	596
50km圏	2005 b	34	230	365	997	1,625
	1960 (%)	0.8	2.2	17.7	79.2	100.0
	2005	2.1	14.1	22.5	61.3	100.0
	b/a	7.4	17.2	3.4	2.1	2.7
札 幌	1960 a (km²)	0	0	6	43	50
20km圏	2005 b	11	3	80	175	269
	1960 (%)	0.9	0.0	12.1	86.9	100.0
	2005	4.0	1.2	29.8	65.1	100.0
	b/a	22.7	–	13.2	4.0	5.4
仙 台	1960 a (km²)	0	4	22	13	40
20km圏	2005 b	0	56	39	77	172
	1960 (%)	0.0	10.3	56.4	33.3	100.0
	2005	0.0	32.5	22.8	44.7	100.0
	b/a	–	13.7	1.7	5.8	4.3
広 島	1960 a (km²)	11	1	0	49	61
20km圏	2005 b	46	14	2	111	173
	1960 (%)	17.5	2.0	0.0	80.5	100.0
	2005	26.7	8.3	1.0	64.1	100.0
	b/a	4.3	11.9	–	2.3	2.8
福 岡	1960 a (km²)	0	6	7	42	55
20km圏	2005 b	8	28	66	130	232
	1960 (%)	0.0	11.3	12.8	75.9	100.0
	2005	3.6	11.9	28.5	56.0	100.0
	b/a	–	4.4	9.4	3.1	4.2

出典：村山・梅山（2010）より作成

した結果である（村山・梅山 2010）[注2]。これによると，1960年の全国値は斎藤（1965）とほぼ同じであり，2005年でもDIDの88.4%は平地（台地と低地埋立地等）にある。

　しかしこの間に，丘陵地のDID面積は7.5倍に拡大した。全体に占める割合も大きく上昇し，2005年のDIDのうち，丘陵地と山地等は11.6%を占めるに至った。また，三大都市圏と四つの地方中枢都市圏[注3] では，丘陵地および山地等の割合は札幌圏と東京圏を除いて全国と同等以上であり，特に仙台圏，広島圏では30%を超える高さである。東京圏でも丘陵地へのDIDの展開は急速であり，2005年の同面積は札幌圏や福岡圏の全DID面積に匹敵する。高度経済成長期以降，日本の都市，特に主要大都市圏において，丘陵地や山地への都市域の展開，すなわち傾斜地の改変を伴う都市化が急速に進行した。そして，それを主として担ったのは，大規模な住宅地開発であった（田村 1982など）。

　低地等に展開する都市域（DID）は，その割合を低下させたとはいえ全体の60%超あり，急激な都市化に伴ってその実面積は約3倍に拡大した。低地に展開したことによる災害の可能性は確実に高まったと考えられる。また，丘陵地や山地で地形改変を伴って拡大した住宅地等では，特有の災害が想定される。次節ではそれらの実例について検討したい。

3.　都市の自然災害―近年の事例より

　近年の日本における自然災害の事例として，低地と丘陵地，山地に展開する都市域が被災した，2018年西日本豪雨災害と2011年東日本大震災について取り上げる。

●2018年西日本豪雨災害―岡山県倉敷市真備地区，広島市周辺

　2018年7月，梅雨前線が台風の影響を受けて活発化し，西日本の広い

範囲に大雨をもたらした。広域にわたった被災地のうち以下の2地区について，地形と都市化を踏まえて災害の特徴を把握したい。

　岡山県倉敷市真備地区[注4]は，北から流下する高梁川に支流の小田川が西から合流するところで，低地が広がっている（**巻頭口絵⑩**）。そして，低地のほとんどは氾濫平野・後背湿地で，旧河道も認められる。低地内には，特に低湿な土地の一部を掘って土を盛り上げてつくられた堀上田もあった。また低地内でほぼ唯一の集落であり旧山陽道の宿場であった川辺は，その中心部は自然堤防上にあるが集落の周囲には輪中堤[注5]が築かれていた。このように，地形からも土地利用からも，当地域の氾濫頻度が高いことは明らかで，まさに氾濫によって形成されつつある低地である。

　1893（明治26）年，高梁川と小田川で破堤して，大規模な洪水となった。その後河川改修が進められて高梁川の破堤はこれまでないが，戦後になっても当地域の水害は続き，1972年と1976年には小田川の破堤と内水氾濫が発生した。それら以後，排水機場の整備等が進められ，氾濫の頻度は大きく低下した。その結果，ここは倉敷市の中心部や総社市にも近いため住宅地開発が進行し，1999年に鉄道が開通してさらに都市化が進行した。

　2018年の大雨はそのような真備地区を襲った。高梁川からの氾濫はなかったが，小田川とその支流で越流，破堤が起こり，1893年の大洪水に匹敵する規模の浸水となった。低地内では浸水深が5m以上の地域もあり，2階まで浸水した住宅も多い。また支流が天井川となっていたためそこから氾濫水が滝のように流れて周囲の家屋を破壊したものもある。人的被害も大きく真備地区では50名以上の犠牲者となった。避難しなかった（できなかった）住民が多かったことを意味する。当日の気象や避難に関する情報に加えて，地域の土地条件や水害の歴史が伝わって

いなかったことも一因と考えられる。

　この同じ大雨によって，広島県等で 夥 しい数の土砂災害が発生した（Goto et al. 2019）。それらの土砂災害の中には，高度経済成長期以降に山地の山麓部に開発された住宅地を土石流が襲ったものが数多く含まれている（山本ほか 2019）。上記の通り，広島都市圏には山地への都市化が広く展開しており，山麓部の住宅開発地における土石流被災は，近年も繰り返されてきた。

　2018年西日本豪雨による洪水，土砂災害に典型的なように，低地や丘陵地・山地への都市化の進行が大雨による災害の素因となっていることが多いと考えられるのである。

●東日本大震災—丘陵地に開発された住宅地の被災

　2011年東日本大震災は，想定外の規模の津波による被災が注目されたが，地震動，液状化等による被災も大きかった。ここでは，仙台都市圏において丘陵地に開発された住宅地の被災事例について検討する。

　上述の通り，仙台都市圏では高度経済成長期以降に丘陵地に開発された住宅地が広く展開する。そこでは，1978年宮城県沖地震で特徴的な被害が発生し，さらに2011年東日本大震災でも繰り返された（**図9-4**）。丘陵地を宅地化するにあたっては，大規模に尾根を切土して谷に盛土するものから，斜面に小規模な切土と盛土を行うものまで多様であるが，土木工事を伴って平坦地をつくることになる。そのような造成宅地における被災の事例をみると，1978年宮城県沖地震によって被災したものが，2011年に再び被災した事例も多かった。

　仙台都市圏における二度の被災を含む複数の事例から，造成宅地における建物や宅地の被災の特徴を，以下のようにまとめることができる[注6]。

　①切土部で被害が小さい／少ないのに対して，盛土部や切盛境界部で

被害が大きい／多い。②盛土部の沈下や移動，切盛境界部での不同沈下や地盤の亀裂が発生し，崩壊に至った宅地もある。振動そのものより地盤破壊によって建物が被災した（**図9-5**）。③同一の地震でかつ震源距離もさほど違わない造成地間で，被災程度が大きく異なる。切土部では被

注：上中下とも，左1978年，右2011年の各地震後の同じ場所（筆者撮影）
上：切土盛土境界部における地割れ，右側（盛土側）が沈下している。
中：地盤変状と住宅被災，左写真中央の小屋が右写真中央にも見える。
下：小規模な改変地における擁壁の被災，2011年は被災が認められない。

図9-4　造成宅地の地震被災事例

災が小さいので，その差は盛土部の被災程度の差による。これについては，④古い造成地に被害が多い傾向や，盛土部の形状による違いが指摘されてきた。そして，⑤東日本大震災後の仙台市宅地保全審議会（同技術専門委員会）は，被災宅地の詳細な調査を基に，盛土が軟弱な場合や盛土内の地下水が多い場合に大きな地盤被害が発生しやすいことを明らかにした。仙台市内でひどく被災した造成地の一部では，盛土部が「災害危険区域」に指定され（後述），住民が集団移転を余儀なくされた。

　上述の通り，丘陵地や山地における都市化すなわち造成宅地の拡大は全国に展開しており，そこでは1995年阪神・淡路大震災や2004年新潟県中越地震をはじめ大きな地震のたびに，このような特徴的な被災が認められるのである（村山・熊木 2008）。

　このように，低地や丘陵地・山地への都市化の進行が素因となっていると考えられる自然災害の事例が，数多く発生している。もし自然災害リスクが高い地域への都市化を抑制することができれば被害をかなり食

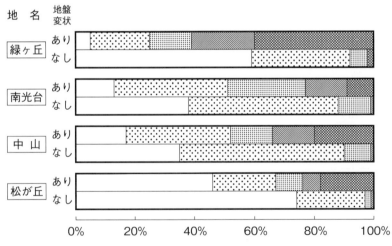

注：「あり・なし」は地盤変状の有無，被災程度は外観目視による。
出典：平野信一氏らとの調査より作成

図9-5　造成宅地における地盤変状の有無と建物被災程度
（東日本大震災，仙台都市圏）

い止められることは，容易に想像できよう。次節では，そのような手法を含む，防災の取組みについて検討したい。

4. 都市計画手法による防災

防災というと，発災直後の避難行動といった，自助による緊急対応が注目される。しかし，発災前，発災直後，復興期のそれぞれの時間的位相における，自助，共助，公助による取組みのすべてが，防災に含まれる。ここでは，発災前の公助による防災実践といえる，都市計画手法による防災について，実例を通して検討していきたい。

●活断層上の土地利用規制—米国カリフォルニア州とニュージーランド

米国カリフォルニア州では，断層の破断（地表面のズレ）による被害軽減を目的に，1972年「活断層法」が制定され，以下のような実質的に厳しい土地利用規制を行っている。活断層に沿って設定された「活断層ゾーン」では，開発業者に活断層調査が義務づけられ，調査で活断層が見つかるとそこから50フィート（約15m）以上離して，住宅等を建築しなければならない。また「活断層ゾーン」内の不動産売買の際は，販売者はこのことを購入（予定）者に伝える義務がある。「活断層法」は，政策評価を経て何度か改定され，またさらに強震動，液状化，土砂災害を対象とする法律も制定されて，同様の法的規制による防災の取組みが広がっている（村山 2009など）。

ニュージーランドでは，2004年に，都市計画権限を有する自治体に対して，国が活断層上の土地利用規制を含む「活断層指針」を提示した。これに沿って活断層上の土地利用を規制し，さらに対象ハザードを拡大させている自治体がある（馬場ほか 2004; 増田・村山 2006; 村山 2009; Saunders and Glassey 2007）。

　地震による被災は地震動や土砂災害そして津波等に伴う場合が多いが，上記２事例ともに，まず場所を特定しやすい断層の破断（地表のズレ）による直接的被災を対象として取り組んで，後に土砂災害や液状化等に対象を拡大したことがわかる。

●都市計画手法による防災―日本での展開

　日本では，1995年阪神・淡路大震災を経験して活断層への関心が高まった。徳島県では，2011年東日本大震災後の2012年「徳島県南海トラフ巨大地震等に係る震災に強い社会づくり条例」が制定された。この条例では，津波に対しては，国の「津波防災地域づくりに関する法律」の枠組みを利用する一方で，活断層の変位による直接的被災を防ぐため日本で初めて活断層上の土地利用規制を導入したものである。条例は，幅40mの「特定活断層調査区域」を設定し，同区域内で「特定施設」の新築や建て替えを行う場合は，事業者は県へ届出・協議，活断層の調査を行い，活断層直上を避けることになる。「特定施設」とは，学校，病院その他「多数の人が利用する建築物」および火薬類，石油類その他「危険物を貯蔵する施設」のうち一定規模以上の施設を指す。宅地建物取引業者は，取引に際して「特定活断層調査区域」にある旨および条例に規定する内容を説明するよう努めるとされる。また，山形県は，2016年熊本地震の後，県有施設を今後建て替える際や新設の際には断層上を避ける方針を明らかにした。熊本地震で中心部が被災した益城町では，復興計画を，国による活断層等の詳細な調査を基に策定されている。いずれも，徳島県の条例が参照されていると考えられる。

　東日本大震災の被災地では，建築基準法および自治体の条例によって「災害危険区域」に指定されて住宅建築等ができない区域とされ，集落ごとあるいは都市の一部を移転した例が多い。そのほとんどは津波被災

地で，高台や内陸部あるいは盛土してかさ上げした土地に移転したもの
であるが，丘陵地の造成宅地の一部にもこれが適用された。2015年第3
回国連防災世界会議による「仙台防災枠組」で提示された「よりよい復
興（Build Back Better）」の実践例の一つといえる。

　丘陵地や山地の造成宅地については，阪神・淡路大震災の経験を踏ま
えて，2006年に宅地造成等規制法が改正され，対策の第一歩として大規
模盛土造成地マップの作成が行われることになった。しかしこの実施主
体である市町村の動きは鈍かった。東日本大震災の経験を経て，2020年
全ての自治体についてそのマップの公表が完了した。同じ2020年，2年
前の西日本豪雨災害等を踏まえて，宅地建物取引業法施行規則が一部改
正され，ハザードマップの洪水浸水想定区域内の物件については，その
ことを不動産売買時に購入予定者に説明することが義務づけられた[注7]。

　このように日本では，本来は事前対策である都市計画手法による防災
が，阪神・淡路大震災や東日本大震災，西日本豪雨災害といった近年の
大災害を経験して，ようやくしかし急速に展開しつつある。

　「仙台防災枠組」で設定された四つの優先行動のうち，一番目のもの
は災害リスクの理解である。ここで紹介した通り，都市計画手法による
防災は，新たな都市開発や再開発において，その場所の災害リスクを踏
まえてこれを避けるまたはこれに応じた対策を求めるものである。しか
しながら，日本では特に戦後，もともとは居住地とされてこなかった地
形にまで，急激に都市化が進行した。これらを含む既存の都市域の住民
や自治体においても，災害リスクの理解とこれを基にした避難等の防災
対応が求められる。

　そして，災害リスクの理解のためには，地形とそれから想定される災
害リスクや過去の被災と防災の取組み等を含む，地域の理解が鍵となる。
地理学や地理教育はこれに寄与することが期待されている[注8]。

付記》 本稿脱稿後に，地理科学 75 巻 3 号がシンポジウム特集号「平成 30 年 7 月豪雨災害から学ぶ—西日本各地の調査報告と防災教育への手がかり—」として刊行されたので，参照されたい。

注》

1）かつての海岸であった内陸部にも砂州や砂丘の微高地が分布する。

2）都道府県ごとに作成された 20 万分の 1「土地分類図」による地形を表 9-2 に示した地形単位に整理統合し，DID とともに，100m 正方グリッドに変換して集計した。ここで得た DID 面積は，1 ha 単位での集計値ということになるが，これと公表された値との相違は，各年とも 0.2％以内である。

3）ここにおける各都市圏とは，中心駅からある半径の円内のことで，その半径は表 9-2 に示すとおりである。たとえば本文中の東京圏は東京駅から 50km 圏内，札幌は札幌駅から 20km 圏内のことを指す。

4）真備地区に関する記述は，内田（2011），村山・松多（2021），地理院地図等を参考にしてまとめたものである。なお，村山・松多（2021）のうち本章記載部分については，松多信尚による。

5）集落などを取り囲むようにつくられた堤防のこと。

6）以下の記述は，村山（2012），佐藤ほか（2015）を基にまとめたものである。

7）同年度，さらに国は，洪水ハザードマップの浸水想定結果をまちづくりと連携させることを検討し，また液状化マップ公表も準備中である。

8）2022 年度から，高等学校では「地理総合」が必修科目として設定され，その柱の一つは「持続可能な地域づくりと私たち」で，その中に，「生活圏の調査と地域の展望」とともに，「自然環境と防災」が位置づけられている。「地理総合」については，井田（2019）を参照されたい。

参考文献

- 井田仁康 2019. 「地理総合」とは何か. 学術の動向 24(11): 10-14.
- 内田和子 2011. 岡山県小田川流域における水害予防組合の活動. 水利科学 320: 40-55.
- 齋藤光格 1965. 都市的土地利用の土地基盤―都市地理学における地形図の1つの意義. 地図 3: 157-166.
- 佐藤真吾・風間基樹・大野　晋・森　友宏・南　陽介・山口秀平 2015. 2011年東北地方太平洋沖地震における仙台市丘陵地造成宅地の被害分析―盛土・切盛境界・切土における宅地被害率と木造建物被害率. 日本地震工学会論文集 15(2): 97-126.
- 田村俊和 1982. 全国的にみた大規模地形改変の実態. 地理 27(9): 16-24.
- 馬場美智子・増田　聡・村山良之・牧　紀男 2004. ニュージーランドの防災型土地利用規制に関する考察―地方分権と資源管理型環境政策への転換との関わりをふまえて. 都市計画論文集 39: 601-606.
- 増田　聡・村山良之 2006. 活断層に関する防止型土地利用規制／土地利用計画―ニュージーランドの「指針」とその意義を日本の現状から考える. 自然災害科学 25: 146-151.
- 村山良之 2009. 地震防災のための土地利用規制―米国カリフォルニア州とニュージーランドにおける政策の展開. 佐々木公明編『自律と連携による新たな都市・地域システムの構築』(科研費研究成果報告書 17203018) 246-288.
- 村山良之 2012. 仙台市における宅地造成地の被害. 住宅 61(5): 7-10.
- 村山良之 2018. 自然災害と地域. 佐藤廉也・宮澤　仁編著『現代人文地理学』140-155. 放送大学教育振興会.
- 村山良之・梅山　浩 2010. 日本の都市はどんな地形に展開しているのか. 日本地理学会発表要旨集 78: 195.
- 村山良之・熊木洋太 2008. 『GISを用いた地形改変地の震災土地条件評価』(JACIC研究助成報告書). https://www.jacic.or.jp/kenkyu/10/10-05.pdf (最終閲覧日: 2020年12月8日)
- 村山良之・松多信尚 2021. ハザードの種別と地形理解, 災害リスク. 小田隆史編著『教師のための防災学習帳』17-26. 朝倉書店.

154

- 矢嶋仁吉 1956. 『集落地理学』古今書院.
- 山本晴彦・川元絵里佳・渡邉祐香・那須万理・坂本京子・岩谷　潔 2019. 2018年7月豪雨により広島県で発生した土砂災害の特徴と土地利用の変遷. 自然災害科学 38: 185-205.
- Goto, H., Kumahara, Y., Uchiyama, S., Iwasa, Y., Yamanaka, T., Motoyoshi, R., Takeuchi, S., Murata, S. and Nakata T. 2019. Distribution and characteristics of slope movements in the southern part of Hiroshima Prefecture caused by the Heavy Rain in Western Japan in July 2018. *Journal of Disaster Research* 14: 894-902.
- Saunders, W. and Glassey, P. 2007. *Guidelines for assessing planning, policy and consent requirements for landslide-prone land*. GNS Science Miscellaneous Series 7. Lower Hutt: Institute of Geological and Nuclear Sciences Limited.

10 | 世界都市の都心空間

矢部　直人

《**本章の目標＆ポイント**》　世界都市とは，多国籍企業や国際金融市場が集中する都市を指す。世界都市が1970年代以降に成立した背景と，関連する研究動向について理解する。次に，東京を取り上げて世界都市としての位置づけの変化を概観した上で，東京都心部における空間の変化について説明する。
《**キーワード**》　世界都市，中枢管理機能，対事業所サービス業，分極化，都市再生

1. 世界都市とは

●世界都市成立の背景

　1970年代以降，アメリカ合衆国外に蓄積された大量のドル資金の存在や情報通信技術の発達により，金融取引が世界的な規模で進展した。また，先進国の製造業では，海外における生産を増やして国際的な分業体制を構築し，多国籍企業となる動きが目立つようになった。世界都市とは，このようなグローバル化の進展のもとで，ヒト・モノ・カネの移動が集中する結節点となる都市である。具体的には，多国籍企業や国際金融市場が集中する，ニューヨークやロンドンが代表的な世界都市である。

　しかし，ニューヨークやロンドンが世界都市となった背景は，グローバル化だけではない。世界都市がその成立を強固なものにしたもう一つの背景は，自治体や国が政策として世界都市化を進めたことである。1970年代のニューヨーク市では，人口が減少するとともに，失業や貧困

などの社会問題が発生し，財政危機に陥った。これに対してニューヨーク市は，多国籍企業の活動を支援する政策や，都市再開発，観光産業の振興など，世界都市化を進める政策に取り組んだ。一方，イギリスでは1986年にビッグバンと呼ばれる金融システム改革が行われ，ロンドンの国際金融センターとしての地位が確固としたものになった。さらに，イギリス政府は都市開発公社を設置するなどして，ロンドンの都心近くにある，テムズ川沿いの衰退していた港湾地区（ドックランズ）の再開発を進めた。この再開発地区には，高層オフィスビル街や，2012年のロンドンオリンピックで使われた多目的アリーナも建設されている。

●世界都市論

　このような状況の中，1980年代には，都市内部の変化をグローバルな動向と関連づけて研究する学際的な分野，世界都市論の盛り上がりがみられた。以下，世界都市論をリードした2人の学者，J.フリードマン（フリードマン 2012）と，S.サッセン（サッセン 2008）の研究を簡単に紹介しよう。

　世界都市論で指摘される世界都市の主な特徴として，グローバル管理機能の集積がある。グローバル管理機能とは，多国籍企業の意志決定を担う中枢管理機能や，世界的な金融取引の中心となる金融センター機能を指す。これらの機能が集積する度合いによって都市の階層が決められ，階層の上位に位置するほど世界都市として有力な都市とされる。

　世界都市論の興味深いところは，グローバル管理機能だけではなく，多国籍企業のグローバルな活動を支える対事業所サービス業も，世界都市に集積するとした点である。対事業所サービス業には，金融，法律，会計，広告，ITなどの専門知識を必要とする業種のほかに，ビル清掃や警備などの業種も含まれる。また，専門職層の生活を支える，飲食や

家事代行などの対個人サービス業も合わせて増加する。つまり，世界都市では多国籍企業の中枢管理部門や専門的な対事業所サービス業という高賃金の職業と同時に，そのような職業で働く人の仕事や生活を支える低賃金の職業も生み出されるというのである。そして，低賃金の職業は，世界都市に流入した移民労働者が担うようになる。この動きと合わせて，製造業の生産現場が海外へ移転してそれに従事する中間層が減少することにより，社会階層の上下への分極化が進むとされた。

　このように，都市内部の変化をグローバル化と結びつけて説明する点が世界都市論の特色であり，人文地理学を含むさまざまな分野の研究者を引きつけている。

●世界都市論と関連する研究動向

　世界都市論と関連する研究動向として，都市の発展段階説とジェントリフィケーションがある。この二つについても，簡単に紹介しておきたい。

表10-1　都市の発展段階説

発展段階			中心都市	郊　外
成　長	都市化	絶対的集中	＋＋	－
		相対的集中	＋＋	＋
	郊外化	相対的分散	＋	＋＋
		絶対的分散	－	＋＋
衰　退	反都市化	絶対的分散	－－	＋
		相対的分散	－－	－
	再都市化	相対的集中	－	－－
		絶対的集中	＋	－－

出典：Klaassen et al. eds (1981), 松原 (2006: 197-199)

クラッセンら（Klaassen et al. 1981）による都市の発展段階説は，中心都市とその郊外における人口の増減を指標として，都市は段階的に成長，衰退することを示した（**表10-1**）。都市の発展段階説では，中心都市と郊外の人口増減から都市の発展段階を表す。そこでは，①中心都市の人口が増加する都市化，②主に郊外の人口が増加する郊外化，③郊外でも人口が減少に転じる反都市化，④中心都市の人口が増加に転じる再都市化，の4段階を経て，また最初の都市化へ戻り，次のサイクルが始まるとされる。

典型的な世界都市であるニューヨークでは，1970年代に人口が減少し，反都市化の段階に入っていた。この反都市化の状況に対応するために，ニューヨーク市が打ち出したのが，都市の成長戦略としての世界都市化であった。1980年代以降，ニューヨークでは人口が回復し，再都市化以降の段階を迎えている（成田 2005）。

先進国の世界都市では，都市の発展段階説でいうところの再都市化以降の段階，すなわち都心部の人口が増加する現象が共通してみられる。人口が増加した結果，しばしば居住者の社会階層が上昇することがある。これは世界都市で働く高賃金職層が，都心部に居住することが多いためである。住宅需要の増加によって賃料が上昇することで，以前から住んでいた居住者が地区外へ転出を余儀なくされることもある。この都心部における居住者が入れ替わって社会階層が上方へ移動すること，さらに新たな居住者によって建物が更新されることを指して，ジェントリフィケーションという（スミス 2014; 藤塚 2017）。

2. 世界都市東京の位置づけ

●金融センターとしての東京の位置

　1980年代の世界都市論では，東京はニューヨーク，ロンドンと並ぶ世界都市とされた。しかし，1990年代以降，東京は世界都市としての位置づけがややあいまいになっている。そこで，株式市場の時価総額から東京の位置を確認していこう（**図10-1**）。株式市場における時価総額は，その取引所に集まる資金量を計る目安になるからである。

　1985年時点の時価総額では，東京はトップであるニューヨークの半分程度であった。しかし，1980年代後半のバブル経済期を経た1990年になると，東京の時価総額はニューヨークを上回る金額となった。この東京に集まる豊富な資金の存在が，ニューヨーク，ロンドンと並ぶ世界都市とされたことの背景にある。ただし，1990年代以降に状況は大きく変わる。ニューヨークの時価総額は顕著に増えたのに対して，東京はそれほど伸びておらず，2019年にはかなりの差がついている。また，中国の高度経済成長を背景として，香港と上海が2000年以降に急伸している。

　次に，国際決済銀行が調査している外国為替市場の取引規模によって，金融センターとしての位置をみてみよう。ここでは，資料の制約上，国・

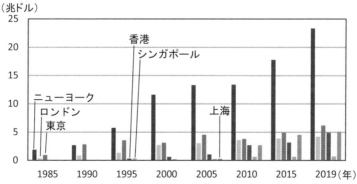

出典：2000年までは東京証券取引所「証券統計年報」，2005年からはWorld Federation of Exchangesの資料

図10-1　各取引所における株式時価総額の推移

地域別の外国為替市場の売買高を確認する。

1986年には，アメリカ合衆国，イギリス，日本の売買高はいずれも1日当たり1,000億ドル以下であり，それほどの差はなかった。しかしながら1990年代以降には，アメリカ合衆国およびイギリスと，日本の差は広がる一方となった。2019年にはアメリカ合衆国が1.4兆ドル，イギリスが3.6兆ドルに達したのに対して，日本は約4,000億ドルとなっている。また，香港やシンガポールは2000年代に入ってからの伸びが著しく，2019年にはそれぞれ約6,000億ドルを上回るに至った。

以上，金融センターとしての東京の位置は，1980年代と1990年代以降では異なってきたことがわかる。1990年代以降には，ニューヨークおよびロンドンとの差は拡大した。一方で，中国の高度経済成長を背景として，香港，上海，さらにはシンガポールといった都市の存在感が高まっており，アジアの中における東京の位置づけは相対的に低下していることは否めない。

●対事業所サービス業と中枢管理機能からみた東京の位置

世界都市に関する研究者グループであるGaWC（Globalization and World Cities Research Network）は世界の主要都市について，金融，法律，会計などの対事業所サービス業の充実度に基づくランキングを発表している。このランキングから，東京の位置づけを検討してみよう。

GaWCによる2000〜2020年の世界都市ランキングでは1〜3位までの順位に変動はないが，5位だった東京は順位を落として9位となった（**表10-2**）。また，2000年には上位10位圏外であった上海，北京，ドバイ，シドニーといった都市が，2020年には順位を上げてトップ10に入っていることが目立つ。

次に，多国籍企業の中枢管理機能が，アジア地域のどの都市に置かれ

表10-2　対事業所サービス業の充実度からみた世界都市の順位

順　位	2000年	2020年
1	ロンドン	ロンドン
2	ニューヨーク	ニューヨーク
3	香港	香港
4	パリ	シンガポール
5	東京	上海
6	シンガポール	北京
7	シカゴ	ドバイ
8	ミラノ	パリ
9	ロサンゼルス	東京
10	トロント	シドニー

出典：GaWC の Web サイト https://www.lboro.ac.uk/gawc/gawcworlds.html

表10-3　国・地域別にみた外資系企業のアジア・オセアニア地域統括拠点数

国・地域	全産業	製造業	金融・保険業
シンガポール	311	38	22
中　国*	224	51	2
香　港	191	25	38
日　本	81	17	0

＊中国には，台湾，香港を含まない。
出典：経済産業省「外資系企業動向調査（2017）」

ているか検討してみよう。この点については包括的なデータを示すことが難しいが，経済産業省が実施している，日本に進出している外資系企業への調査結果から確認する。

　この調査からは，外資系企業のアジア・オセアニア地域における統括拠点は，日本には少ないことがわかる（**表10-3**）。多くの海外企業は中枢管理機能を，シンガポールや中国（主に上海と北京），香港に置いているのである。業種ごとにみると，製造業においては一定の企業が日本

に中枢管理機能を置いているものの，中国には及ばない。また，金融・保険業においては，ほとんどの企業が香港，シンガポールを重視している。

　以上からわかることは，少なくとも日本系以外の多国籍企業の中枢管理機能は，東京にはさほど立地していないということである。GaWCによる東京のランキングが低下したこととあわせて考えると，香港やシンガポールでは多国籍企業の中枢管理機能の集積が強まったため，対事業所サービス業も東京と比べてこれらの都市に集積を強めているのかもしれない。

●**日本国内における東京の位置**

　日本から海外へ進出する多国籍企業の本社は，日本国内のどこに置かれているのだろうか。多くの場合，本社には意志決定などの中枢管理機能が置かれているため，この指標により，日本国内における東京の位置

表10-4　日本企業の本社が立地する地域別にみた海外現地法人への出資件数

地　域	全産業		製造業		金融・保険業	
	1995年	2019年	1995年	2019年	1995年	2019年
北海道・東北	96	211	40	111	11	3
関　東（東京を除く）	889	2,726	528	1,324	16	26
東　京	9,720	19,676	3,218	6,232	1,164	1,157
甲信・北陸	324	856	164	458	4	3
東　海	1,145	4,239	571	2,442	66	98
近　畿	4,342	7,024	1,834	3,236	285	120
中国・四国	264	902	173	545	9	11
九州・沖縄	158	357	89	151	3	11
全国計	16,938	35,991	6,617	14,499	1,558	1,429

出典：東洋経済新報社「海外進出企業総覧」

づけを確認できる。

　日本企業の海外現地法人への総出資件数は，1995年の約17,000件から2019年の約36,000件へと増加している（**表10-4**）。1990年代以降も，日本企業の海外進出は勢いを失っていないといえよう。業種ごとにみると，特に製造業における海外進出が目立つ。地域別にみると，海外における企業活動を管理している本社は，圧倒的に東京に集中している。東京以外の地域では，東海や近畿に本社を置く企業も一定数あるが，特に近畿が日本全体に占める割合は低下する傾向にある。

　1990年代以降の東京は，金融センター機能，多国籍企業の中枢管理機能のいずれからみても，アジアの中における位置は相対的に低下している。しかし，日本系多国籍企業の中枢管理機能は東京に集中しており，東京の世界都市としての影響力を支えている。東京は，主に日本系多国籍企業の活動に支えられた都市であることは従来からも指摘されているが（加茂 2005; 町村 1994），2010年代に至ってもこの状況は大きく変わっていないといえよう。

3. 東京における都心空間の変化

●土地利用の変化

　1980年代と比べると世界都市としての位置づけは低下しているものの，日本企業は1990年代以降も海外への進出を続けており，東京には日本系多国籍企業が集積している。このようなグローバル化の進展が，東京都心部の空間にどのような影響を与えているのだろうか。

　まず，都心空間の変化を概観するため，東京23区における1994〜2016年の土地利用の変化をみてみよう（**巻頭口絵⑪**）。土地利用は100mメッシュで表してあり，各年次の土地利用をGISで重ね合わせることによって，土地利用が変化している地点を抽出できる。ただし，1994年と2016

年では土地利用の分類項目が変わっているため，共通の項目で変化を分析できる，工場と低層住宅地の変化に注目する。

1994年の時点で工場だった場所は，2016年には実に84%が他の用途へ変化しており，そのまま工場として利用されているのは16%にすぎない。この期間における大きな変化は，まず工場の減少であるといってよい。23区全体では，工場の26%が高層建物へ，46%が低層建物へ変化している。都心3区（千代田区，中央区，港区）に限って工場の変化をみると，54%が高層建物へ変化しており，23区全体よりも高い割合を示している。工場から他の用途への変化が起きたのは，もともと工場が多い城南，城東，城北の工業地帯である（巻頭口絵⑫a.）。

一方の低層住宅地は，23区全体では94%がそのまま低層建物となっており，高層建物に変化した割合は3%である。しかし，低層住宅地は全体に占める面積が多いため，わずかな割合でも面積的には大きな変化となる。なお都心3区に限ると，低層住宅地の27%が高層建物に変化している。低層住宅地から高層建物への変化が見られるのは主に城西地区であり，とりわけ都心に近い港区，新宿区，渋谷区に多い。それに次いで城東，城北地区でも変化がみられる（巻頭口絵⑫b.）。

1994年以降の土地利用変化は，脱工業化，そして高層化の2点にまとめられる。さらに，これらの変化は23区全体に均一に起きているわけではなく，地域的な偏りがあることも特徴であろう。

●従業者の産業・雇用形態の変化

次に，東京23区で働く従業者の産業構成の変化をみてみよう。土地利用の変化からは，製造業の従業者が減っていることが予想されるが，実際にはどうなのだろうか。ここでは，町村（1994: 86-87）の分類を参考に，対事業所サービス業，対個人サービス業など，九つの産業に分類した結

果を示す（**表10-5**）。

　特に1990年代以降，対事業所サービス業や対個人サービス業の従業者割合の伸びが大きい。日本系多国籍企業の中枢管理機能の集積が続いているため，世界都市論における説明のように，これらの業種が集積を強めているのだといえよう。その一方で，土地利用変化から予想される通り，製造業従業者割合の減少も顕著である。これは生産現場が海外へ移転していることのほかに，東京大都市圏の縁辺部や日本国内の地方に，工場が移転していることの影響もあろう（竹内ほか 2002）。

　なお，1990年代以降には，産業構成だけではなく雇用形態も変化した。業種別の正社員割合に関して，データが存在する2001年と2014年を比べてみよう（**表10-5**参照）。ここからわかることは，対事業所サービス業，対個人サービス業など，23区で従業者が増えている業種では，正社員の割合が低いということである。特に対個人サービス業ではその低さが目立つ。その一方，従業者が減っている製造業では，比較的正社員の割合

表10-5　東京23区における産業別従業者割合と雇用者に占める正社員割合

産　業	従業者割合（％）			正社員割合（％）	
	1981年	1991年	2014年	2001年	2014年
農林漁業	0	0	0	87	74
鉱業	0	0	0	98	92
建設業	7	7	5	90	87
製造業	21	17	7	86	84
電気・ガス・水道業	1	0	0	91	95
対事業所サービス業	16	22	32	75	73
対事業所・個人サービス業	31	32	29	72	69
対個人サービス業	21	19	24	60	54
公務	3	3	3	95	89
総　計	100	100	100	74	69

出典：総務省「事業所統計調査」，「事業所・企業統計調査」，「経済センサス」

は高い。つまり，従業者が増えている業種では正社員の割合が低く，従業者が減っている業種では正社員の割合が高いという相乗効果により，全体の正社員割合が減ることにつながっているのである。

　1990年代までの東京に関する世界都市論の研究では，社会階層の分極化についてはその兆しがみられるという結論であった（園部 2001；町村 1994）。1990年代以降の状況からは，分極化がより一層進んでいるようにも思われる。

●居住者の変化

　1990年代以降の土地利用変化からは建物が高層化している様子もわかったが，これはオフィスビルだけではなく，大量のマンションが供給されたことの反映でもある（富田 2015）。マンション供給の増加により，特に東京都心3区では1990年代後半以降，転入者数が転出者数を上回っ

表10-6　東京都心3区（千代田区・中央区・港区）における居住者の職業構成

職　業	1995年構成比	2005年構成比	1995〜2005年増加率	2005年構成比	2015年構成比	2005〜2015年増加率
専門・技術職	14.8	20.3	37.6	20.1	26.6	39.6
管理職	11.2	7.8	-30.2	7.7	8.1	11.5
事務職	23.5	26.5	12.7	26.4	29.8	19.2
販売職	20.5	19.1	-6.6	17.9	15.6	-8.1
サービス職	14.0	12.9	-7.5	14.9	10.0	-28.7
保安職	2.0	2.0	1.5	2.0	1.7	-12.2
農林漁業	0.1	0.0	-30.9	0.1	0.0	-54.7
運輸・通信	1.8	1.4	-24.8	-	-	-
生産工程・労務職	12.2	10.1	-16.6	11.0	8.3	-20.6

注：2009年に職業大分類項目に変更があったため，1995〜2005年には2005年の，2005〜2015年には2015年の分類項目を適用した。
出典：総務省「国勢調査」

て人口が増加に転じた。戦後しばらくしてから郊外化により減少し続けてきた都心3区の人口が，増加に転じたのである。これは一般に，人口の都心回帰現象と呼ばれている。東京大都市圏全体の人口は増えているため，都市の発展段階説でいう，反都市化，再都市化の段階を飛び越えて都市化の段階に入ったとする見方もある（山神 2003）。

　それでは，どのような年齢，職業の居住者が都心3区で増えているのだろうか。まず，年齢では20代後半から30代が顕著に増加している（矢部 2015: 154-156）。従来は，持ち家を取得して郊外へ転出していた年齢層が，都心3区のマンションを購入しているのである。また，都心3区における居住者では専門・技術職，事務職の割合が増えた（**表10-6**）。都心3区には，多国籍企業の中枢管理部門やその活動を支える対事業所サービス業で働く，専門職層が転入している。この専門職の増加を指して，ジェントリフィケーションであると解釈することもできる。しかしながら，工場跡地を開発したマンションの場合には従前の居住者がいないため，厳密には社会階層が上昇したといえないことに留意が必要であろう。

　なお，都心部の人口増加は，都心全体で一様に起こっているのではなく，地域によってその状況が異なる（宮澤・阿部 2005; 矢部 2015）。人口が増加している地域でも，江東区の湾岸部では子どものいるファミリー世帯が多いが，より都心に近い中央区や千代田区では単身者や子どものいない夫婦のみの世帯が目立つなど，世帯形態によって主に転入する地域が異なっている。

● **都市再生政策**

　オフィスビルやマンションなど高層建物の供給が大量に進んだことが，1990年代以降の東京の変化を特徴づける一つの要素であった。この

高層建物の大量供給が進んだ重要な背景として，政府による規制緩和や都市再生政策がある（富田 2015: 57-58; 源川 2020）。マンションに関しては，1994年と1997年に建築基準法が改正されて廊下など共用部分の床面積が容積率に不算入となったこと，1997年に高層住居誘導地区制度が制定されて日影規制が緩和されたことなどが，高層マンション建設の急増に寄与した。また，2002年から都市再生特別措置法が施行され，オフィスビルやマンションを含む大規模な再開発事業が容易になった。さらに，2003年には工業等制限法が廃止され，規制されていた基準面積以上の大学の新設が可能になった。

1990年代後半には，不動産市場に投資資金を呼び込むことを企図して，不動産の証券化制度も整えられた。この制度によって海外からも資金が流入し，オフィスビルやマンションの建設など，東京の不動産開発は活発化した。しかし，不動産証券投資は，日本全域や東京全域に等しく効果を及ぼすのではなく，東京など一部の都市だけ，さらにその東京の中でも一部の地域だけというように，選択的に投資，開発が進められた（矢部 2008）。

1990年代後半以降，東京が世界都市としての位置を相対的に低下させる中で，政府や東京都は一連の規制緩和や都市再生政策を実施した。これらの政策により，東京では大量の高層建物が創出された。ただし，東京23区で増加している雇用の中身は，対事業所サービス業の正社員割合にみられるように，社会階層の分極化を進めかねない。また，都心回帰により都心3区で増加している人口は，専門・技術職や事務職への偏りがみられる。

世界都市には，社会的な格差の拡大のほかにも，投機資金によるバブルやテロ事件など，さまざまなリスクが集中する（加茂 2005; 豊田 2014）。東京においても，2011年の東日本大震災によって大量の帰宅困

難者が発生したことは記憶に新しい。また，新型コロナウイルス感染症は大都市を中心に流行し，人が多く集まる大都市のリスクをあらためて認識させたといえよう。一方で，新型コロナウイルス感染症の流行を契機に，リモートワークを支える技術も広く普及した。これから都市の構造がどのように変わるのか，あるいは変わらないのか，検討が必要であろう。

参考文献

- 加茂利男 2005.『世界都市―「都市再生」の時代の中で』有斐閣.
- サッセン, S. 著，伊豫谷登士翁監訳 2008.『グローバル・シティ―ニューヨーク・ロンドン・東京から世界を読む』筑摩書房. Sassen, S. 2001. *The Global City: New York, London, Tokyo*, 2nd ed. Princeton: Princeton University Press.
- スミス, N. 著，原口　剛訳 2014.『ジェントリフィケーションと報復都市―新たなる都市のフロンティア』ミネルヴァ書房. Smith, N. 1996. *The new urban frontier: Gentrification and the revanchist city*. London: Routledge.
- 園部雅久 2001.『現代大都市社会論―分極化する都市？』東信堂.
- 竹内淳彦・森　秀雄・八久保厚志 2002. 大田区における機械工業集団の機能変化. 地理学評論 75: 20-40.
- 富田和暁 2015.『大都市都心地区の変容とマンション立地』古今書院.
- 豊田哲也 2014. 世界都市の光と影. 藤井　正・神谷浩夫編著『よくわかる都市地理学』136-138. ミネルヴァ書房.
- 成田孝三 2005.『成熟都市の活性化―世界都市から地球都市へ』ミネルヴァ書房.
- 藤塚吉浩 2017.『ジェントリフィケーション』古今書院.
- フリードマン, J. 著，町村敬志訳 2012. 世界都市仮説. 町村敬志編『都市の政治経済学』37-57. 日本評論社. Friedmann, J. 1986. The world city hypothesis. *Development and Change* 17: 69-83.
- 町村敬志 1994.『「世界都市」東京の構造転換―都市リストラクチュアリングの社会学』東京大学出版会.

- 松原　宏 2006.『経済地理学—立地・地域・都市の理論』東京大学出版会.
- 源川真希 2020.『首都改造—東京の再開発と都市政治』吉川弘文館.
- 宮澤　仁・阿部　隆 2005. 1990年代後半の東京都心部における人口回復と住民構成の変化—国勢調査小地域集計結果の分析から. 地理学評論 78: 893-912.
- 矢部直人 2008. 不動産証券投資をめぐるグローバルマネーフローと東京における不動産開発. 経済地理学年報 54: 292-309.
- 矢部直人 2015. 働きながら子育てをする場所としての東京都心. 日野正輝・香川貴志編『変わりゆく日本の大都市圏—ポスト成長社会における都市のかたち』149-169. ナカニシヤ出版.
- 山神達也 2003. 日本の大都市圏における人口増加の時空間構造. 地理学評論 76: 187-210.
- Klaassen, L.H., Molle, W.T.M. and Paelinck, J.H.P. eds. 1981. *The dynamics of urban development*. New York: St Martin's Press.

11 | 都市空間とエスニシティ・観光

矢部　直人

《**本章の目標＆ポイント**》　グローバルな人の移動が増えるにつれて，都市内部の空間もさまざまに変化している。東京に流入するグローバルな人の流れを，中長期的な滞在者である移民と，短期的な滞在者である旅行者に分けて取り上げ，それらの移動が起きる背景と都市空間に与える影響について説明する。
《**キーワード**》　移民，エスニック集団，集住，訪日外国人，観光行動

1. 移民が増加する背景と実態

●移民が増える背景

　先進国の世界都市に移民が集まることを指摘したのは，世界都市論の研究者，S.サッセンであった。以下，国際労働力移動に関する，サッセンの研究（サッセン 1992）を簡単に紹介しよう。

　1970年代以降，国際的な分業が進み，先進国の企業が発展途上国へ進出するようになった。現地企業に対する経営参加や支配を目的としたこのような動きは，配当や利子を獲得するために外国の証券を取得する証券投資とは区別され，直接投資と呼ばれている。

　サッセンはこの直接投資に注目し，移民が発生する要因となっていることを指摘した。直接投資によって移民が発生する要因は，発展途上国から移民を押し出すプッシュ要因と，先進国が移民を引きつけるプル要因に分けると理解しやすい。

　発展途上国から移民を押し出す，プッシュ要因からみていこう。先進国の企業が発展途上国へ直接投資をすることにより，現地では工場の生産現場などの雇用機会が生まれる。これだけでは，発展途上国で雇用が増えた分，移民は発生しないように思われる。しかしながら，多くの仕事は単純労働であり，新しい製造技術に柔軟に対応できる若者が，限られた年数だけ雇用される形態のものが多い。雇用期間が終わって職場から解雇された労働者は，都市の消費文化に慣れているため，自国内の農村へ戻ることは少ない。農村の側も外国企業の直接投資によって商品経済が浸透し，かつての自給自足の状態を維持できなくなっているため，失業者を受け入れる余裕がない。こうして都市部で発生した失業者は，先進国へ就業機会を求めて向かう移民になるのである。

　先進国側が移民を引きつけるプル要因としては，第10章でみたような世界都市化が重要である。世界都市化は，対事業所サービス業や対個人サービス業での雇用を増やす。そして，これらの業種では，金融，法律，会計などの専門職が増える一方，ビル清掃や管理，飲食店などの低賃金職も増加する。この，世界都市で生まれる低賃金職に移民が労働力として従事するのである。

●海外直接投資と在留外国人数の推移

　日本から海外への直接投資は，1980年代後半の円高を背景に急伸した（**図11-1**）。その後，バブル経済が崩壊して，いったん直接投資が落ち込むものの，再び増える傾向にある。投資先の地域では，北米，ヨーロッパ，アジアの3地域向けの投資が，それぞれほぼ同様の規模を持っている。特にアジア向け直接投資では製造業が目立つが，これは日本系多国籍企業のアジアへの進出を反映している。

　この海外直接投資が増えるのと時期を同じくして，日本における外国

人在留者数も増加する傾向にある（**図11-1**参照）。その内訳をみると，
1980年代前半には韓国・朝鮮籍が大半を占めていた。これは主に戦前か
ら日本に居住していたオールドカマーであり，1980年代以降に急増した
ニューカマーとは区別されることが多い。戦後の日本では基本的に移民
を制限する方針をとってきたが，1980年代後半のバブル経済期に，主に
専門的・技術的労働者を受け入れるように方針転換した。1989年には出
入国管理及び難民認定法（入管法）が改正され，1990年に施行された。
　1980年代以降，特に在留者数が伸びているのは中国である。この背景
には，直接投資の増加もさることながら，1983年に日本で留学生増加計
画「留学生受け入れ10万人計画」が策定されたこと，中国側が1984年に
外国への留学を自由化したことなどの制度的な変更も見逃せない。
　また，フィリピンやブラジルからも一定数の在留者がある。ブラジル
に関しては，1990年に施行された改正入管法の中で定住者という在留資
格が設けられ，日系人の入国規制が実質的に緩和されたことが大きい。
なお，2010年代以降には，ベトナムからの在留者が増えていることが目

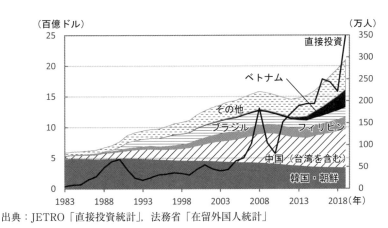

出典：JETRO「直接投資統計」，法務省「在留外国人統計」

図11-1　日本から海外への直接投資と在留外国人数の推移

立つ。2019年には，ベトナムからの在留者数は，中国，韓国・朝鮮に次ぐ数を占めている。

●移民の就く仕事

　日本に在留する外国人の在留資格は，活動に基づく在留資格と，身分または地位に基づく在留資格に分けることできる。このうち，活動に基づく在留資格については，おおむねどのような職業に就くかを推測できる。また，身分に基づく在留資格のうち，日系人が多い定住者の資格も職業との関連が強い。そこで，職業との関連が強い在留資格別の入国者数の推移をみて，移民が就く仕事について検討する（**図11-2**）。

　1980年代には，興行や研修・技能実習，といった比較的低賃金の職業に就くと思われる在留資格者の流入がみられた。興行については2000年代前半までおおむね増加していたが，在留資格の審査を厳格に行うようになったため，2004年から減少に転じている。2010年代以降に研修・技能実習が増加傾向にあるのは，ベトナムからの入国者が増えていること

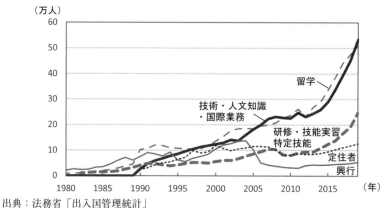

出典：法務省「出入国管理統計」

図11-2　在留資格別入国者数の推移

の影響が大きい。留学については，先に述べたような経緯により中国からの留学生が多く，2019年には50万人を超えるまで増えている。留学の在留資格を持つ者は，地方入国管理局で許可を得ることにより，アルバイトをすることができる。すべてが留学生というわけではないが，コンビニやファミリーレストランで働く若い外国人は，都市部ではもはや当たり前の光景になっている。1990年から新たに設けられた定住者の在留資格では，日系ブラジル人や日系ペルー人が多数を占める。日系ブラジル人や日系ペルー人は，製造業の生産現場で働くことが多い。2008年以降に定住者の在留資格が減っているのは，リーマンショックの影響により解雇されたものと推測される。サッセンが指摘するように，低賃金の職業，かつ企業側の都合で解雇しやすい仕事に就くと推測される移民が増えているのである。

　一方で1990年代以降は，技術・人文知識・国際業務の在留資格も伸びている。この在留資格は，単純労働というよりはホワイトカラーの業務を担う資格であり，比較的高賃金な職業に就く外国人である。低賃金職に就く移民に注目が集まりがちであるが，そうではない高賃金職に就く移民が増えていることも確認できた。

　なお，2020年には新型コロナウィルス感染症の影響により，中長期の滞在目的での入国者数も大きく減ることになった。長期的な移民の傾向に変化があるかはわからないため，今後の推移をみる必要があるだろう。

2. 都市内部におけるエスニック集団の集住

●都道府県別にみた外国人の分布

　日本に在留する外国人を都道府県別にみると，東京への集中が目立っている。法務省の資料から確認すると，2019年末時点で東京都に59万人，全国の20％を占める在留外国人がいる。次いで，愛知県28万人（10％），

大阪府26万人（9％），神奈川県24万人（8％），埼玉県20万人（7％）の順となっている。日系ブラジル人や日系ペルー人のように，東海や北関東の工業地帯に集住している例（石川編 2019）もあるが，全体として，三大都市圏，中でも東京大都市圏への集中が目立つといえよう。

また，2005〜2015年の間の変化を国勢調査から確認すると，大阪府や愛知県では外国人数がほぼ横ばいか，わずかに減少しているのに対して，東京都は増加しており，東京大都市圏への外国人の集中は強まっている。これは大阪府に多いオールドカマーが帰化や死亡数が出生数を上回る自然減により減少していることに加えて，地方の工業地帯にいた外国人がリーマンショックの影響で解雇され，地方のシェアが落ちているためと思われる。

●都市内部における外国人の集住

大都市には，中華街やコリアンタウンなど，外国人がまとまって居住する地域がみられる。人文地理学では，このような都市内部のエスニックな空間に関心を寄せて研究を行ってきた（阿部 2011; 杉浦 2011）。そこでは，彼らの社会・経済やエスニシティ（エスニック集団をほかから分かつ特徴の総体）の変容に関する研究が蓄積されている（福本 2014）。

エスニック集団がまとまって居住する要因としては，以下のような点が指摘されている（ノックス・ピンチ 2005: 189-208）。異なる社会集団との紛争を最小化するとともに結束した政治的な発言力をもたらすこと，集団のアイデンティティやライフスタイルを守ろうとすること，さらに，他者に身をさらすことへの恐怖やさまざまな差別に対抗することである。

東京23区における町丁・字別人口に占める外国人の割合からは，外国

人の集住地区がはっきりと確認できる（**図11-3**）。空間的に大きなまと
まりは新宿区大久保，豊島区池袋，港区赤坂・麻布，荒川区日暮里にあ
る。さらに墨田区錦糸町や江戸川区西葛西などにも外国人の集住地区が
形成されているようである。

　これらの集住地区は，オールドカマーの集住地区と，1980年代以降に
形成されたニューカマーの集住地区に分けることができる（福本
2010）。すなわち，日暮里はオールドカマーに起源を持つ集住地区であ
るのに対して，その他の大久保や池袋などはニューカマーに由来する集
住地区である。ニューカマーによる集住地区が形成されたことが，1980
年代以降に移民が流入したことで起きた都市空間への影響といえよう。

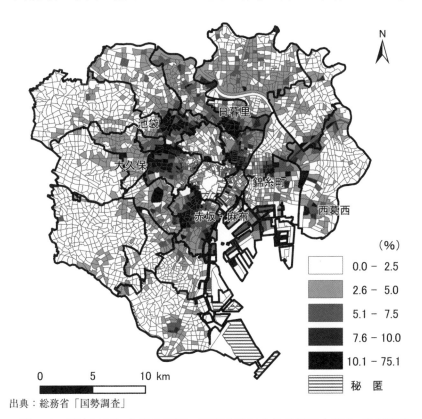

出典：総務省「国勢調査」

図11-3　東京23区における町丁・字別人口に占める外国人割合（2015年）

大久保のコリアンタウンはよく知られているが，モスクがつくられるなど多様化が進んでいるようである（山下編著 2016: 306）。また，池袋には，ニューカマーの中国人が形成したチャイナタウンがある（山下編著 2016: 227-249）。赤坂・麻布には大使館が多くあり，欧米系の集住がみられる。このように，外国人の集住地区は，それぞれに主となるエスニック集団を中心として形成されている。

●東京都江戸川区西葛西（にしかさい）におけるインド人集住地区の形成

ニューカマーによって形成された集住地区のうち，澤・南埜（2009）を参考に，インド人が集住する江戸川区西葛西を詳しくみてみよう。インド人は，他の国籍と比べて技術の在留資格を持つ割合が高い。これは世界都市で増加する対事業所サービス業である，IT系の技術職で働く人の割合が高いためである。

西葛西にインド人の集住地区が形成された要因は複数ある。多くのインド人は金融系ITシステムの仕事に携わっており，勤務先の企業は都心の日本橋地区に集まっている。西葛西から日本橋までは東京メトロ東西線が直通しているため，通勤の便の良さが評価されたのである。また，都心部と比べると賃料が安く，日本的な慣行である保証人や礼金を必要としない都市再生機構（UR）の賃貸住宅が供給されていることも，住宅確保という面で大きい。2019年4月には，インド出身者が江戸川区議会議員選挙に立候補して当選し，インド人集住地区をめぐる新たな動きとして注目される。

西葛西にインド人が集まるにつれて，彼らの生活を支える施設も集まってきており，このことがさらなる集住を促している側面がある。たとえば宗教的な理由により限られた食材が必要な場合があるが，西葛西には，それに対応したインドの食料品店やインド料理のレストランもある。

来日する技術者の子どもを教育するための，インド人学校も設立されている。2004年には，インディア・インターナショナル・スクール・イン・ジャパンが隣接する江東区に設立された。この学校は，インド人の増加に伴う規模拡張のため，2010年に同じ江東区にある閉校した日本の中学校跡地へ移転している。また，シンガポールに拠点を置くインド系インターナショナル・スクールも2006年に江戸川区に開校したが，やはり規模拡張のため，2014年に同じ江戸川区内の西葛西へ移転している。2017年には，さらなる規模拡張のため，東葛西にも新キャンパスを設置した。高学歴層であるインド人技術者は，日本の学校では英語教育のレベルが本国並みとはならないため，子どもを日本の学校に入学させることは少ない。インド人IT技術者の在留資格はおおむね5年以下の滞在に限られており，彼らの日本への定住意向は低い。そのことが子どもの教育への姿勢にも表れているといえるかもしれない。

3. 国際観光旅行の長期的な傾向

●国際観光旅行が長期的に増えている背景

UNWTO（国連世界観光機関）は，世界の国・地域ごとに外国から訪れる国際観光客到着数を調べて発表している。それによると，2019年の世界全体の国際観光客到着数はおよそ15億人となり，1990年の4億人から大きく増えている。また，2019年の国際観光客到着数の地域別シェアでは，ヨーロッパが世界全体の51％と過半を占めているものの，1990年と比べて9ポイント減少した。一方，アジア・太平洋地域はシェアを伸ばしており，1990年の13％と比べて2019年は25％と，12ポイント増えている。国際観光旅行は，たとえばアジア地域内で中国からタイへ向かう旅行のように，同じ地域内を発着地とする旅行が大半である。つまり，アジア・太平洋地域の国際観光客到着数のシェアが伸びていることは，

アジア・太平洋地域で国際観光旅行に出かける人の増加率が，ほかの地域を上回っていることを示している。

　アジア地域で，国際観光旅行に出かける人が増えているのはなぜだろうか。ピアス（2001: 83-89）は，旅行を可能にする条件として，経済的な豊かさと，出入国管理，政治的安定性を挙げている。アジア地域では，直接投資による工業化が進められ，経済的な豊かさが向上している。特に多くの人口を抱える中国は，高度経済成長を達成した。主に経済的な豊かさが実現されたことにより，旅行へ向かう人が増えているといえよう。また中国政府は，1990年代後半以降，それまで制限していた海外旅行を解禁した。たとえば日本に対する団体観光旅行は，1999年に解禁された。このような制度の変更や政治的な安定性も寄与して，アジア地域では国際観光旅行が活発化している。

●日本政府による観光立国の推進

　日本政府は2003年に，当時の小泉首相が2010年までに年間の訪日外国

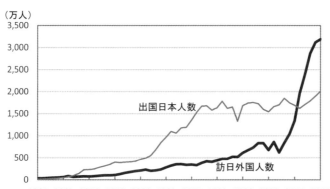

出典：JNTO「年別　訪日外国人数，出国日本人数の推移」

図11-4　訪日外国人数と出国日本人数の推移

人を1,000万人にすることを表明し，国の政策として観光が重視される
ようになった。同じ2003年からは，訪日外国人の増加を企図した政策で
あるビジット・ジャパン・キャンペーンが開始され，2006年には観光立
国推進基本法が成立，2008年には観光庁が設置された。このように観光
が重視された背景には，日本の人口減少や経済成長の鈍化があり，観光
を数少ない成長分野と位置づけて経済的な波及効果を狙うことがある。

　ビジット・ジャパン・キャンペーンによる積極的なプロモーション活
動に加えて，アジア各国・地域へのビザ発給条件の緩和があり，訪日外
国人数は急激に増えている（**図11-4**）。リーマンショックの影響なども
あり，2010年に1,000万人とする目標は達成できなかったが，その後の
伸びは目覚ましく，2018年には3,000万人を上回るまでに至っている。
1980年代以降，日本からの海外旅行者数と訪日外国人数には大きな開き
があったが，訪日外国人の急増を受けてその数が逆転した。これにより
日本人旅行者の海外での消費を「支出」とし，訪日外国人の日本での消
費を「収入」とした旅行収支が改善し，2015年には1962年以来53年ぶり
に1兆円あまりの黒字に転換した。訪日外国人による国内での消費額は，
2019年でおよそ4兆8000億円である。

●訪日外国人の実態

　日本へ来る旅行者はどのような人なのだろうか。観光庁の資料から確
認すると，2019年に日本を訪れた旅行者数上位5カ国・地域は，中国（台
湾，香港，マカオを含まない）959万人（30％），韓国558万人（18％），
台湾489万人（15％），香港229万人（7％），アメリカ合衆国172万人（5％）
となっている。近隣の東アジアからの旅行者が，全体の70％と多くを占
めるのが特徴である。

　また，同じく2019年において，訪日外国人のうち観光・レジャー目的

で訪れた人の割合は77％であり，業務目的の14％を大きく上回る。観光・レジャー目的での滞在日数は6日以内が60％以上を占め，特に東アジア地域からの旅行者は滞在日数が短い傾向がある。一方，ヨーロッパや北米，オーストラリアからの旅行者は，1週間以上の滞在が過半を占める。つまり，出発地から日本までの距離が遠いほど，滞在日数は長くなる傾向があるといえよう。日本へ訪れる回数は，初めて訪れる人が全体の38％であり，それ以外の2回以上訪日しているリピーターの方が多い。特に，台湾，香港からの旅行者はリピーターが80％ほどと多い傾向にある。

4. 訪日外国人の地域的な集中と都市空間への影響

●日本国内における訪日外国人の訪問地

　訪日外国人は日本全体にまんべんなく訪れているのではなく，地域的な集中がみられる。都道府県別延べ宿泊者数に占める外国人宿泊者数の割合をみると，東京都や大阪府，京都府，あるいは北海道，沖縄県といった地域では外国人の割合が高い（図11-5）。特に東京都や大阪府，京都府では宿泊者のおよそ4割が外国人となっており，訪日外国人が増加したことの影響を強く受けている。それに対して，東北や山陰，四国は訪

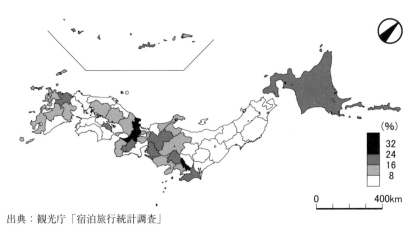

出典：観光庁「宿泊旅行統計調査」

図11-5　都道府県別延べ宿泊者数に占める外国人割合（2019年）

れる外国人が少なく，相対的に影響が少ないようである。

　このように訪問地が偏る理由を，矢部（2016）を参考に，訪日外国人の観光行動から検討する。日本を巡る周遊ルートのうち最も有名なのは，大阪と東京を結び，途中にある京都や富士山といった日本を代表する観光地に立ち寄る，通称ゴールデンルートである。そのほかには，北海道の札幌を中心としたルートや九州北部ルート，中部・北陸ルートなどがある。これらのルートを訪れる外国人の訪日回数をみると，ゴールデンルートの京都や富士山では初めて日本へ訪れる人が多い一方，そのほかの地方のルートでは2回目以降の訪日で訪れる人が多い。

　リピーターが地方へ訪れる過程を，空間的拡散研究における階層効果（杉浦 1989: 110-112）と関連づけて検討すると，興味深い事実がわかる。階層効果とは，規模が大きく階層が高い都市から，規模が小さく階層が低い都市へ，新技術や流行などが徐々に拡散していくことを指す。この階層効果を訪日外国人に当てはめて考えると，日本を代表する観光資源がある地域からそれ以外の地域へ，訪日回数が増えるにつれて徐々に拡散していくことが予想される。

　この点について実際にデータを集めて検討したところ，地方の中でも有名な観光地である北海道や九州を訪れた経験がある人は，東北や山陰，四国へ訪れる確率が上がることがわかった。つまり，訪日外国人の地方への拡散には，空間的拡散研究における階層効果と類似した効果が働いている可能性が高い。しかしながら，東京や大阪といった日本を代表する地域を訪れた経験については，東北や山陰，四国へ訪れる確率には影響しなかった。これは，買い物目的で日本を訪れる人は，繰り返し東京や大阪を訪れることが関係していると思われる。初訪日で東京や大阪に訪れる人が多いことと合わせて，繰り返し大都市を訪れる人がいることにより，訪日外国人の訪れる地域が偏るのであろう。

●東京大都市圏における都市空間の変化

東京大都市圏の中でも訪日外国人が集中する都心部とその周辺では，訪日外国人の増加が大量かつ急激であったため，都市空間に影響が表れている。たとえば，外国人が多く訪れる地域には買い物需要も集中するため，免税店が増えている。また，訪日外国人が増えると，宿泊施設の需給が逼迫することになる。この宿泊施設への需要の高まりに対して，宿泊施設を供給する動きがみられる。

ここでは，さまざまな宿泊施設のうち，ゲストハウスを例に紹介したい。ゲストハウスとは，宿の経営者や旅行者との交流ができ，比較的安価に宿泊できる施設である。東京23区におけるゲストハウスの開業件数をみると，外国人宿泊者数の増加をなぞるように開業件数が増加していることがわかる（**図11-6**）。実際に，新たに開業するゲストハウスは，

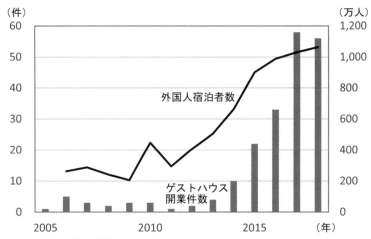

注：2005年の外国人宿泊者数はデータなし。
出典：太田（2020），東京都「東京都観光客数等実態調査」

図11-6　東京23区におけるゲストハウス開業件数と東京都における外国人宿泊者数の推移

訪日外国人をターゲットとしている場合が多い（太田 2020）。ゲストハウスが外国人宿泊者数の増加に即応して増えている一つの背景として，ゲストハウスは一般に小規模であり，既存の家屋などを改修して開業しやすいことがあるだろう。開業するゲストハウスは，有名観光地である浅草周辺に多く集まっているが，成田空港へのアクセスが良い京成高砂駅の周辺などに立地していることも特徴である。

●新型コロナウイルス感染症の影響

　2020年に起こった新型コロナウイルスの世界的な感染拡大は，人の移動の規制により，国境を越える観光客の流れを大きく減少させることになった。UNWTOの資料によると，世界全体の国際観光客到着数は2020年2月に前年同月比−16％と減り始め，3月は−67％，4月と5月には−97％を記録した。その後，特にヨーロッパで国境を越える移動の規制が緩和されたが，感染が再拡大することにつながった。観光業への影響を和らげることと，感染拡大を防ぐことのバランスは非常に難しいといえる。

　日本においては，訪日外国人数が2020年2月に前年同月比で−58％となり，3月は−90％，4月以降は99％以上減る月が続いた。これまで訪日外国人が増加することの影響を強く受けてきた地域では，減少の影響も大きいことが予想される。この新型コロナウイルス感染症の拡大を境として，長期的に観光行動は変わるのか，変わるとすればどのように変わるのか，不明な点は多い。国際的な観光行動について，注視していく必要があるだろう。

186

参考文献

l- 阿部亮吾 2011.『エスニシティの地理学—移民エスニック空間を問う』古今書院.
- 石川義孝編 2019.『地図でみる日本の外国人　改訂版』ナカニシヤ出版.
- 太田知希 2020.　東京都区部におけるゲストハウスの多様化の要因と現状．理論地理学ノート 22: 147-158.
- サッセン，S. 著，森田桐郎ほか訳 1992.『労働と資本の国際移動—世界都市と移民労働者』岩波書店．Sassen, S. 1988. *The mobility of labor and capital: A study in international investment and labor flow*. Cambridge: Cambridge University Press.
- 澤　宗則・南埜　猛 2009.　グローバルシティ・東京におけるインド人集住地の形成—東京都江戸川区西葛西を事例に．国立民族学博物館調査報告 83: 41-58.
- 杉浦　直 2011.『エスニック地理学』学術出版会.
- 杉浦芳夫 1989.『立地と空間的行動』古今書院.
- ノックス，P. ・ピンチ，S. 著，川口太郎・神谷浩夫・高野誠二訳 2005.『新版 都市社会地理学』古今書院．Knox, P. and Pinch, S. 2000. *Urban social geography: An introduction*, 4th ed. Harlow: Pearson Education.
- ピアス，D. 著，内藤嘉昭訳 2001.『現代観光地理学』明石書店．Pearce, D. 1995. *Tourism today: A geographical analysis*, 2nd ed. Harlow: Longman.
- 福本　拓 2010.　東京および大阪における在日外国人の空間的セグリゲーションの変化—「オールドカマー」と「ニューカマー」間の差異に着目して．地理学評論 83: 288-313.
- 福本　拓 2014.　都市のエスニシティ．藤井　正・神谷浩夫編著『よくわかる都市地理学』146-147．ミネルヴァ書房.
- 矢部直人 2016.　訪日外国人消費動向調査個票データを用いた訪日外国人旅行者の周遊パターンの分析．理論地理学ノート 18: 39-48.
- 山下清海編著 2016.『世界と日本の移民エスニック集団とホスト社会—日本社会の多文化化に向けたエスニック・コンフリクト研究』明石書店.

12 | 大都市における子育てと働き方

宮澤 仁

《**本章の目標＆ポイント**》 少子化対策として保育サービスの拡充をはじめとする子育て支援が行われてきた。しかし，日本の大都市では保育所の待機児童が解消されないなど課題が多い。子育てと仕事の両立に対する保育所利用の効果を時間地理学の枠組みから検証するとともに，保育政策と働き方改革との連携の必要性について論じる。
《**キーワード**》 子育て支援，多様な保育，ワークライフバランス，子どもの福祉，時間地理学

1. 少子化の進展とその対策

　主要先進国は，1970年代に入ると合計特殊出生率（total fertility rate 合計出生率。1人の女性が生涯に生む子どもの数）の低下を経験し，少子化が進んだ。その背景には，子どもの養育にかかるコストの増大や結婚・出産に対する価値観の変化などがあったとされる。日本もこの例に漏れず，先進国の中でドイツ，イタリアと共に合計特殊出生率は長きにわたり低水準にある。

　日本では，1990年の「1.57ショック」を契機に少子化への注目が高まり，1994年からのエンゼルプランをはじめとする子育て支援と，2007年に定められた「仕事と生活の調和憲章」に基づくワークライフバランスの取組みが進められてきた。フランスなどの一部の先進国では，子育てと仕事の両立支援により1990年代ごろから合計特殊出生率は回復傾向にある

が，日本では目立った効果がみられず，ついに2008年を境に人口が減少に転じた。

それ以後，少子化対策の加速が強く求められるようになり，2016年に閣議決定された「ニッポン一億総活躍プラン」では，少子高齢化に歯止めをかけ，50年後も人口1億人を維持するため「希望出生率1.8」の実現に向けた取組みが行われている。多様な保育サービスの充実，保育無償化，保育人材の確保といった保育政策を含む子育て支援および長時間労働の是正をはじめとした働き方改革はその一環である。

2. 子育て支援としての保育サービス

日本のこれまでの子育て支援において最も力点が置かれてきた取組みは保育サービスの展開であった。保育サービスには，施設に子どもを通わせて保育を行う施設型のサービスと，保育者が自宅に派遣され保育を行う個別型がある。日本の保育サービスは前者が中心であり，その中で最も定員が多いのは，職員配置や施設等の基準を満たし国から認可を受けて運営される認可保育所である。また，他の認可施設として，2015年の子ども・子育て新制度の本格施行を受けて制度化された小規模保育施設（低年齢児を対象に定員が少なく施設も小規模な保育所）や事業所内保育所（企業等が事業所内に設置し，従業員の子ども以外に地域の子どもも利用できる）がある。さらに，幼保一元化の取組みに基づく認定こども園がある。これらの認可施設では，多様な保育需要に対応するために低年齢児保育や長時間保育，一時的保育などが実施され，サービスの多様化が進んでいるが，すべての施設がこれらに対応しているわけではない。その隙間をカバーするかたちで増加傾向にあるのが正式な認可を受けていない認可外保育施設である。ただし認可外保育施設の中には，国や地方自治体の独自の助成を受けている施設もある。

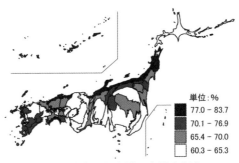

ａ．30代有配偶女性の有職者割合

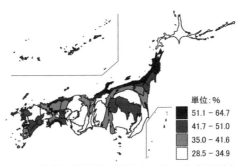

ｂ．30代有配偶女性の働き方─主に仕事の割合

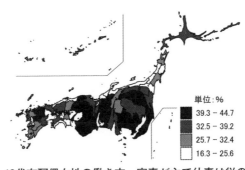

ｃ．40代有配偶女性の働き方─家事が主で仕事は従の割合

注：大都市では育児期の女性の有職者割合が低く，その働き方をみても仕事を主とする人の
　　割合が低い。ただし，この図は育児期の女性人口に基づく面積カルトグラムである。実
　　際の面積に基づく一般の地図と比べて大都市の面積が大きくなっており，絶対数でみれ
　　ば保育ニーズをもつ女性が大都市に多いことを示している。
出典：2017年就業構造基本調査により作成

図12-1　有配偶女性の就業と働き方にみられる地域差

　子どもの保育には地域差がみられ，大都市では2歳以下の子どもで家庭における保育が，3歳以上では幼稚園に通う子どもが，それ以外の地域と比べて多い傾向にある。このような地域差は，それぞれの地域にみられる育児期の女性の働き方の差と符合したものと考えられる（図12-1）。

　しかし，大都市における保育サービスのニーズは小さいわけではない。図12-2は，各都道府県の保育所待機児童数に基づいて面積カルトグラム（Gastner and Newman 2004）を作成し，そこに同じく都道府県別の待機率を重ねて表示したものである。この地図は，実際の面積に基づいて描かれた一般の地図とは異なり，属性値に応じて地図上の面積を変化させて描いた変形地図の一種である。保育所の待機児童数は日々変化するが，沖縄県のように独特の要因によってそれが多い県（若林ほか 2012）を除くと，東京と京阪神の大都市圏の都府県および政令指定都市があるいくつかの県に偏在していることがわかる。

　認可保育所の運営は現在企業等にも可能となっており，企業立の保育

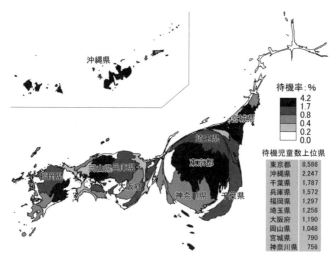

出典：厚生労働省「保育所等関連状況取りまとめ（平成29年4月1日）」より作成。宮澤・若林（2019）より転載

図12-2　都道府県別の保育所待機児童数と待機率

所は東京大都市圏で比較的多く，同様に企業立や個人経営が多くを占める認可外保育施設も大都市に集積している（若林・久木元 2017）。しかし，大都市を中心に保育所の待機児童は依然として解消されない。さらに，長距離通勤者が多い大都市では長時間保育に対するニーズが高いが，それに対応する認可保育所が過半を占めるのは神奈川県のみであり，東京都や千葉県でも3割にすぎない。全国的にみて保育サービスにかかわる問題は大都市において顕著に現れている。

3. 子育てと仕事の両立に関する時空間制約

●時間地理学の概要

　時間地理学（time-geography）は，スウェーデンの人文地理学者T.ヘーゲルストランドが提唱した人間行動研究の枠組みであり，人文地理学において早くから都市の子育てと仕事の両立の問題を扱ってきた分野でもある（Hägerstrand 1970; Lenntorp 1976）。時間地理学は，個人の具体的な行動を時間と空間からなる3次元座標上に時空間経路と呼ばれる軌跡として，また個人の到達可能な時空間の範囲を時空間プリズムと呼ばれる円錐によって幾何学的に表現することに特徴がある（**図12-3**）。さらに，時空間プリズムを空間上に投影したものを潜在経路域と呼び，個

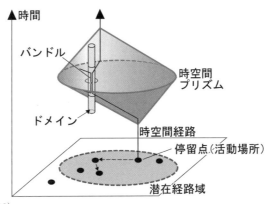

出典：宮澤（2018）

図12-3　時間地理学による人間行動の表記方法

人が一定時間内に到達可能な空間的範囲を示す。

　個人の行動の可能性の大きさを示す時空間プリズムの容積は，生命維持に不可欠な活動（睡眠や食事など）を優先した上で移動のために使える時間と個人の移動速度に規定される。このような生理的・物理的制約のことを能力の制約と呼んでいる。ただし，時空間プリズムが示す到達可能範囲にあるすべての停留点（活動場所）が，そのまま個人に開かれているとは限らない。法律や規則などを根拠に，その管理権限をもつ組織や個人によって出入りが制限される時間と場所はドメイン（管理領域）と定義され，そのような作用を管理の制約と呼んでいる。また，ほかの人やモノと接触する，つまり特定の時間と空間に共に存在する必要性から活動場所が選択されることもある。このことは結合（カップリング）の制約と呼ばれており，その結果として時空間経路が束になった状態をバンドルと呼ぶ。

●時間地理学からみた保育所の送迎と仕事の両立に関する条件

　保育所に子どもを預けるには送迎が必要であり，保護者が通勤途上に保育所に立ち寄り子どもを預け，帰宅時に引き取るかたちが一般的である。ゆえに，保護者が保育所を利用して子育てと仕事を両立するには，①朝，保育所の開所後に子どもを預ける，②始業前に職場に到着する，③夕方，終業後に職場を出発する，④保育所の閉所前に保育所に到着して子どもを引き取る，という一連の時間的・空間的条件を満たすことが必要である。さらに，⑤自宅と保育所との距離は，子どもがなかなか歩いてくれなかったり，移動中の事故等のリスクを考えたりすれば短いことが望ましい。これらの条件を時間地理学の概念を用いて模式的に示したものが図12-4である。

　保育所の送迎可能性は，送迎者の勤務時間および従業地までの通勤所

要時間（距離と移動速度）と，保育所の開所時間（保育時間）およびその立地場所に関する時間的・空間的な関係によって変化する。具体的には，これらの条件に規定されて大きさが変わる時空間プリズム（＝潜在経路域）と保育所の包含関係によって示される。さらに，送迎可能と判断された保育所から一定の範囲が，保育所への送迎が比較的容易な地域となる。ただし，ここでは保育所の中でも施設数の多い認可保育所の利用を想定して，保育所から一定の範囲内であっても居住自治体以外の保育所に入所することは困難とした（⑥）。これは，認可保育所では居住自治体の保育所を利用することが原則であり，また入所待機児が多数存在する現状を考慮したためである。この地域に住む人は，保育所の利用により仕事と育児の両立を図ることが容易になるため，ここでは「保育

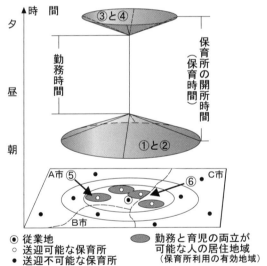

注：下側と上側の時空間プリズムは，各々，本文中の①と②ならびに③と④の条件に関する時空間プリズムである。また，それに対応する潜在経路域が2次元平面上に記されており，その内側に位置する保育所は，各々，朝の送り，夕方の迎えが可能である。ゆえに，朝夕ともに同じ人が送迎を担当する場合には，両方の潜在経路域に内包される保育所のみで送迎が可能となる。そして，⑤と⑥の条件として，送迎可能と判断された保育所から一定の範囲が，保育所への送迎が比較的容易な地域となる。なお，この図は，簡略化のためにすべての保育所についてその保育時間を同一としている。

出典：宮澤（2018）

図12-4　保育所の送迎と仕事の両立可能性に関する時間地理学的表記

所利用の有効地域」と呼ぶことにする。以上のように時間地理学を用いることで，保育所を利用して子育てと仕事を両立する可能性をシミュレーションから明らかにすることができる。

●大都市における保育所の送迎と仕事の両立可能性

東京の西側の都心周辺部から郊外を対象に，上記の分析をGISで行った結果を紹介する（**図12-5**）。ここでは，送迎者が東京都心（最寄駅は東京駅）で働くことを前提に，認可保育所を対象として夕方の迎えの可能性を評価する。なお，自宅と保育所，最寄り駅との間の移動手段には徒歩と自転車の利用を想定した。

図12-5a.は，送迎者が終業後に東京駅を17時30分に出発し，子どもを標準の保育時間内で保育所に預けた場合の「保育所利用の有効地域」を示しており，それに該当するところは対象地域東部の特に中央線をはじめ主要鉄道路線の沿線に限られることがわかる。また，勤務が延びて東京駅を18時に出発する場合の結果を示した**図12-5b.**からは，標準の保育時間内では一部の保育所を除いて迎えが不可能であることがわかる。

そこで，子どもを延長保育の時間まで保育所に預けた場合の結果をみると，さらに終業時刻を遅らせて東京駅を18時30分に出発する場合でも「保育所利用の有効地域」に該当する範囲は広い（**巻頭口絵⑬a.**）。ただし，都心から離れるほど迎えが可能とされる保育所は少なくなり，その傾向は徒歩で送迎する場合に強いことがわかる。東京駅の出発時刻が19時になると，延長保育の時間まで子どもを保育所に預けても駅に近い保育所を除いて迎えが困難になる（**巻頭口絵⑬b.**）。延長保育の有効性の限界が地図上に可視化される。

以上の結果を踏まえると，東京の都心で働く場合，保育所の送迎と仕事の両立可能性は，おおよそ居住地が23区の内側か外側か，その外側で

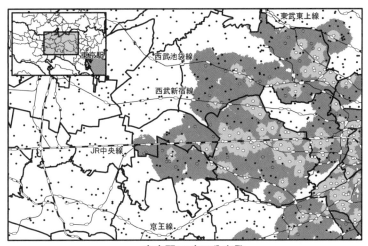

a. 東京駅17時30分出発

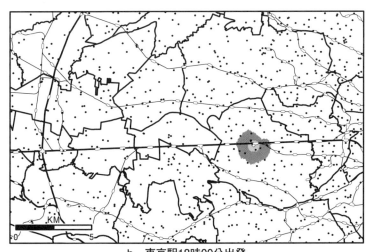

b. 東京駅18時00分出発

保育所の送迎可能性
- ○ 徒歩と自転車で送迎可能な保育所
- • 自転車で送迎可能な保育所
- ・ 送迎不可能な保育所

保育所利用の有効地域
- 徒歩・自転車で移動
- 自転車で移動

出典：宮澤（2018）

図12-5　保育所利用の有効地域（2015年，夕方の迎え，送迎者の従業地の最駅：
　　　　東京駅，保育時間：標準保育時間）

も駅に近いかどうかで差があると考えられる。これまで東京大都市圏では，比較的長い時間働く30代の女性は，都心の周辺部や都心へのアクセスに優れた鉄道沿線に居住する傾向が確認されてきた（宮澤 2012）。こうした保育所の送迎と仕事の両立可能性にみられる地域差は，子育て世代が仕事と子育てを含む家庭生活を両立させるための手段として選択する都心居住・駅近居住の一因と考えられる（宮澤・若林 2019）。

4. 郊外自治体における送迎保育導入の効果

●送迎保育の概要

上記の分析からもわかるように，働く保護者にとって駅に近接した保育所は利便性が高い。ゆえに，人気が高く，待機児童が発生しやすい（若林 2006）。その一方で，交通条件が劣る場所にある保育所では欠員も発生している。自治体内での需給ギャップが大きくなると既存の保育所を

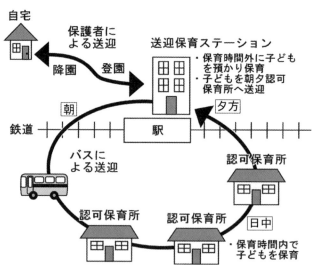

注：送迎保育では，駅前等の利便性の高い場所に「送迎保育ステーション」と呼ばれる小規模な保育施設を設置し，保護者はそこへ子どもを送迎する。早朝と夕方以降は送迎保育ステーションで子どもを保育し，日中は送迎保育ステーションからバスで子どもを認可保育所等に送迎し，そこで日中保育する。
出典：木内・宮澤（2013）を一部改変

図12-6　送迎保育の仕組み

有効に利用できずに待機児童も増える。このようなギャップを児童をバスで送迎することにより改善する事業が「送迎保育」であり，多様化する保育サービスの一つである（**図12-6**）。

　送迎保育の正式な事業化は2009年度であり増加の途上にあるが，現在までの導入自治体は三大都市圏の郊外に多い（宮澤・若林 2019）。前節の分析から示されたように，大都市の郊外では保育所の送迎と仕事の両立に対する時間的・空間的な制約が強い。送迎を担当する保護者は，送迎保育に対して保育所の利便性の向上を期待していると考えられる。

●流山市における送迎保育の効果を検証する

　前掲と同様の分析方法によって送迎保育の導入の効果を検証する。事例として選んだ地域は，東京東郊の千葉県流山市である。流山市では，つくばエクスプレス開通（2005年）にともなう沿線の住宅開発を受けて子育て世代の転入が続いてきた。しかし，当初その沿線に保育所は少なく，市北部と南部にある既存の保育所との間に地域的な需給ギャップが存在した（厚生労働省 2013）。これを解消するため，2007年に送迎保育ステーションを二つの駅に設置して送迎保育を開始した。

　図12-7は，流山市における保育所の平日夕方の迎えの可能性を評価した結果である。送迎者の従業地は東京（最寄駅は東京駅）とした。保育所はそれぞれ最長の時間で利用し，居住地側の最寄駅との交通手段には路線バスの利用も可能とした。この図をみると，東京駅を18時に出発する場合において市の周辺部の保育所や早く閉所する保育所では迎えが困難になるとされ，東京駅の出発時刻が遅くなるほど迎えが困難な保育所は多くなる。ただし，送迎保育ステーションへの迎えは延長保育を利用すれば遅くまで可能である。送迎保育の利用により直接の迎えが困難とされる保育所へも日中に子どもを預けることが可能となる。

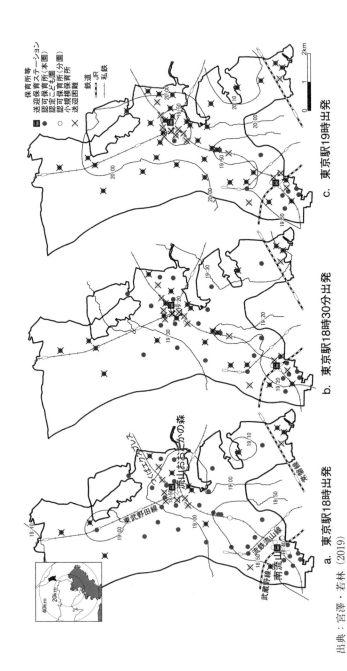

出典：宮澤・若林（2019）

図12-7 流山市における保育所の送迎可能性（2018年、夕方の迎え、送迎者の従業地の最寄駅：東京駅、保育時間：最長の保育時間）

　以上の結果は，保護者からみた送迎保育の効果は保育所の選択肢が送
迎の利便性や保育時間の長さだけにとらわれることなく拡大することで
あり，自治体からみた場合にはそれが需給ギャップの縮小に寄与するこ
とを示唆する。

5.　保育政策と働き方改革の連携を考える

　これまで時間地理学の枠組みから，特に待機児童問題が深刻な大都市
を対象地域に子育てと仕事の両立を左右する保育所利用の時間的・空間
的制約についてGISを用いて分析した結果をみてきた。最後に保育政策
と働き方改革のより良い連携について同じく時間地理学の枠組みから考
えたい（宮澤・若林 2019）。

　図12-8は，前掲した**図12-4**にこれまで取り組まれてきた保育所整備の
施策等を加筆したものである。これらの施策がもつ時間的・空間的な特
徴を時間地理学からみると以下のようになる。aは長時間保育を示して
おり，保育時間の延長により時空間プリズムを拡大させることで①から

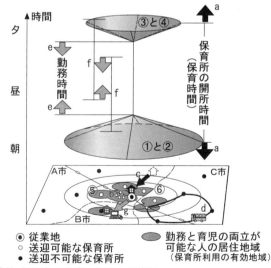

出典：宮澤・若林（2019）に掲載の図を一部改変

図12-8　保育サービスの充実と働き方改革による時間的・空間的制約の緩和

④の制約を緩和する方法である。bは小規模保育施設であり、土地の余裕はないがニーズが集中しやすい場所における保育所整備に資する。駅型保育所はその典型である。cの都心居住・駅近居住も加えれば、従業地に対して保育所ならびに自宅を近づけることで時間的・空間的な制約を緩和する対策と理解できる。そして、dが送迎保育であり、bの小規模保育施設と図中⑤の制約を緩和する子どものバス送迎を組み合せた事業である。

　このようにサービスの多様化・柔軟化が進む保育所は実情として、子育てと仕事の両立を図るため保護者からみた利便性が優先され、保育を受ける子どもに柔軟な対応が求められる方向で整備が進められてきたといえなくもない。たとえば小規模保育施設は、その利便性に対して園庭や屋内のスペースの貧困さが問題視されてきた。その点で保育に相応しいスペースを保障し送迎の利便性も兼ね備えた送迎保育への保護者の期待は大きい。しかし、送迎保育にも課題がある。子どもに対しては、長時間にわたる保育とバス移動に加えて1日に2度の保育場所および保育士・子ども同士の対人環境の変化が、子どもの生活や心理面に与える影響が指摘され、それに葛藤を覚えながらもサービスを利用する保護者の存在が示唆されてきた（木内・宮澤 2013; 船井総合研究所 2017; 澤田ほか 2018）。また、保育サービスの多様化と供給の急速な拡大は、保育士の不足と雇用待遇の悪化を招いている。これは、保育従事者の生活保障の問題だけでなく、子どもが受ける保育の質の低下につながることが広く危惧されている。

　そもそも、保育所をはじめとする保育サービスには子どもの福祉という観点を欠かすことはできない。子どもが受ける負担を軽減するには保護者の就業とのバランスを考えること、つまり働き方改革との連携を問わなくてはならない。**図12-8**には、働き方改革と関連した三つの取組み

も加筆した。eの勤務時間の短縮は，aの長時間保育をせずとも時空間プリズムを拡大でき，子どもの負担軽減にもつながる。fの送迎の分担は①から⑤の制約への対応を分担することでもあり，これも子どもの保育時間の短縮に寄与する。従来両親が送迎を分担する世帯が多かったが，その促進とより高い効果にはそれぞれの勤務時間を時刻面で十分にずらせるだけの柔軟な勤務形態が求められる。gの在宅勤務・サテライトオフィス勤務は，bの小規模保育施設やcの都心居住・駅近居住とは逆方向の空間的な調整である。

　保育政策と働き方改革のどちらかに偏るのではなく，それらのバランスを考えることが，子どもの福祉にも十分配慮した総合的な子育てと仕事の両立支援につながると考えられる。人文地理学は，この章で取り上げた時間地理学やGISを用いることで，その検討をより具体的に進めることができるであろう。

参考文献

- 木内智子・宮澤　仁 2013．送迎保育の現状と効果に関する一考察—埼玉県東南部の実施自治体を事例に．お茶の水地理 53: 25-35.
- 久木元美琴 2016．『保育・子育て支援の地理学—福祉サービス需給の「地域差」に着目して』明石書店.
- 厚生労働省 2013．『平成25年度版　厚生労働白書』日経印刷.
- 澤田美穂子・槻ノ木沢千愛・青山哲也・時田直人・大西百合子 2018．女性の就業を支援する保育サービスの充実を目指して—多機能型送迎保育ステーションの整備による支援モデルの構築．自治実務セミナー 677: 36-40.
- 田中恭子 2009．『保育と女性就業の都市空間構造—スウェーデン，アメリカ，日本の国際比較』時潮社.
- 船井総合研究所 2017．『平成28年度産業経済研究委託事業 保育ニーズに応じた保育供給の在り方及び保育の経営力向上に関する調査研究』船井総合研究所.

● 宮澤　仁 2012. ジェンダーと都市空間. 小林　茂・宮澤　仁編著『グローバル化時代の人文地理学』201-215. 放送大学教育振興会.

● 宮澤　仁 2018. ジェンダーと都市空間. 佐藤廉也・宮澤　仁編著『現代人文地理学』202-215. 放送大学教育振興会.

● 宮澤　仁・若林芳樹 2019. 保育サービスの需給バランスと政策課題—GIS を用いた可視化から考える. 日本労働研究雑誌 707: 35-46.

● 由井義通編著 2012. 『女性就業と生活空間—仕事・子育て・ライフコース』明石書店.

● 若林芳樹 2006. 東京大都市圏における保育サービス供給の動向と地域的差異. 地理科学 61: 210-222.

● 若林芳樹・久木元美琴 2017. 多様な保育サービス. 宮澤　仁編著『地図でみる日本の健康・医療・福祉』84-87. 明石書店.

● 若林芳樹・久木元美琴・由井義通 2012. 沖縄県那覇市の保育サービス供給体制における認可外保育所の役割. 経済地理学年報 58: 79-99.

● Gastner, M.T. and Newman, M.E.J. 2004. Diffusion-based method for producing density-equalizing maps. *Proceedings of the National Academy of Sciences of the United States of America* 101: 7499-7504.

● Hägerstrand, T. 1970. What about people in regional science? *Papers of Regional Science Association* 24(1): 7-21. ヘーゲルストランド，T. 著，荒井良雄訳 1989. 地域科学における人間. 荒井良雄・川口太郎・岡本耕平・神谷浩夫編訳『生活の空間都市の時間—Anthology of time geography』5-24. 古今書院.

● Lenntorp, B. 1976. *Paths in space-time environments: A time-geographic study of movement possibilities of individuals*. Lund Studies in Geography Series B 44. Lund: CWK Gleerup.

13 │ 大都市高齢者の居住安定と福祉

│ 宮澤　仁

《**本章の目標＆ポイント**》　都市における人口高齢化への対策は日本社会の大きな課題である。特に大都市において今後急増する高齢者の生活を支えるための介護や援助の体制を整備しなくてはならない。超高齢社会を迎える都市の福祉的課題の理解や対策立案に対して，人文地理学の空間的なものの見方や研究手法がどのように援用可能であるかを説明する。
《**キーワード**》　高齢化，福祉サービス，地域差，立地，土地利用

1. 都市の人口高齢化

　人口の高齢化は，第12章で取り上げた少子化と表裏一体の現象であり，少子化が進む国の多くでは高齢化も進行している。日本は，その中でも65歳以上人口の割合が最も高い国である。日本の高齢化対策は世界の耳目を集めている。

　日本ではこれまで類をみない速度で高齢化が進み，その傾向は今後もしばらくは続いていくと予測されている（国立社会保障・人口問題研究所 2018）。高度経済成長期の日本において，高齢化はもっぱら過疎化が進んだ農山村地域にみられた現象であった。また1960年代後半以降になると都市の発展段階説でいうところの郊外化の絶対的分散（第10章）の段階になった大都市の中心部でも高齢化が顕在化した。当時の過疎地域と大都市中心部における高齢化は，若い年齢層の流出にともない高齢者の割合が上昇する相対的高齢化の側面が強かった。しかし近年は，主に

大都市における絶対的高齢化が進んでいる（国立社会保障・人口問題研究所 2018）。その中心は，第一次ベビーブーマー（とその前の世代）および第二次ベビーブーマーにあたる人口規模の大きな世代であり，その加齢にともなって高齢者の絶対数が急増している。

　大都市に暮らす高齢者の特徴は，単独世帯の高齢者が多く，賃貸住宅に住む者の割合が相対的に高いことである。家族は経済的または情緒的な援助や身辺介護といった福祉機能を担っている（森岡・望月編 1988）が，大都市ではそうした福祉機能が脆弱な単独世帯の高齢者も多く（奥山 2009），今後その割合はさらに高まっていくと考えられている（国立社会保障・人口問題研究所 2019）。2018年の住宅・土地統計調査によると公的・民間を問わず，賃貸住宅には高齢者等に対応した設備がある住宅が少ない。特に，1980年代までに建てられた中層の公的集合住宅にはエレベータが設置されていないものも多く，高齢者にとってバリアとなりやすい物的環境の典型例といえる（第14章）。

　以上のように日本の都市の高齢化は，それが先行した過疎地域と比べて高齢者の絶対数が大きく，さらに世帯と住宅にみられる都市的様相が相まって，都市特有のさまざまな課題につながっている（井上・渡辺編著 2014）。本章では，これらへの対策とされる高齢者向けの住宅を含めた福祉の供給とその課題について人文地理学のさまざまな研究手法を用いて理解していきたい。

2. 介護サービスとその地域差

●介護保険とそのサービス

　日本の高齢化対策の対象は，雇用や年金，福祉から教育や社会参加まで多岐にわたる。それらの中でも，福祉の拡充が大きな課題となっている。介護保険の要介護認定の結果をみると，要介護に認定される人の割

合は年齢によって大きな差があり，特に後期高齢者では2割以上が介護を必要としている（前期高齢者の約8倍）。日本の大都市では，2025年までに75歳以上の後期高齢者が急増するため，介護ニーズも急激に増大していくことが見込まれている（宮澤 2021）。

　2000年には，要介護高齢者を社会全体で支援するための社会保険として介護保険が制度化され，さまざまな介護サービスが提供されるようになった。介護保険の大きな特徴は，高齢者が直接に提供者と契約を交わすことでサービスが提供される契約制度である。これは，利用者本意の支援を目指して高齢者によるサービスの選択を保障するとともに，事業者間の競争を通じてサービスの質を向上させるために，導入されたものである。また，介護保険の開始にともなって，サービス供給量を拡大させるためにいくつかの規制が緩和され，営利法人を含む多様な事業者が介護事業に参入できるようになった。

　介護保険におけるサービスの提供は，以上のような市場的な仕組みに基づいている一方で，サービスの選択は，各地域におけるサービスの多寡に条件づけられる，すぐれて地理的な側面をもっている。介護事業所の数および提供サービスの種類や量が少ない地域では選択の幅は大きく制限される。サービスの地域的偏在は，サービスの格差であるとともに，その選択という権利行使の地域的不平等にもつながる（宮澤 2003）。介護を含む福祉サービスの地域差の解明は，人文地理学が今日あらためて取り組むべき重要な研究課題として位置づけられる。

●関東地方における介護サービスの地域差

　地理学的手法を用いることによって，介護サービスの地域差はどのように分析することができるだろうか。ここでは，訪問型と短期入所型の居宅サービスを取り上げて供給量の地域差の実態を明らかにする（宮澤

2021）。

　訪問型のサービスとは，職員が利用者の居宅を訪問して在宅生活を支援するものである。一方，短期入所型（通称ショートステイ）のサービスとは，連続して30日以内で利用者が施設に入所し支援を受けるものであり，それは介護者の休息を確保しながら在宅介護を支援するというレスパイトケアとしての意味合いも備えている。介護保険に基づくサービスには，以上の訪問型と短期入所型に加えて，利用者が日帰りで施設に通って支援を受ける通所型の三つが居宅サービスと位置づけられている。対して，施設に入所して生活全般の支援を受けるサービスは施設サービスと呼ばれている。

　図13-1a.の左図は，関東地方を事例として訪問型のサービスである訪問介護の供給量を介護保険の保険者（多くは市区町村）別に示したものであり，右図はそれに関するローカルモラン統計量の分布図である。いずれもGISを用いて作成した。ローカルモラン統計量とは，互いに近い地域・地点同士の現象が相互作用しているという空間的自己相関（第2章）と呼ばれる状態を表す指標の一つであり，地理的に近接した地域において似たような属性値を示すパターンおよび周辺地域との間で属性値が顕著に異なるパターンがあるかどうかを判別できる（奥野 2001）。ここではこれを援用することで，サービス供給量の大きいまたは小さい保険者が連続的に分布するところと，隣接する保険者との間に供給量の極端な差が存在するところを特定した（**図13-2**）。階級区分を用いた地図表現では，地図上に現れるパターンの認識が恣意的になったり，視覚的に認識が困難なパターンもあったりする。ローカルモラン統計量を用いれば，地域差をより客観的に把握できる。

　訪問介護に関しては，東京都区部から郊外にかけて要介護者が稠密に存在する地域においてサービス供給量が大きいことがわかる。一方，関

東地方の周辺部では，局所的に供給量の大きい保険者がみられるものの，全体としては供給量の小さい保険者が広く分布している。

　同じようにして，**図13-1**の**b.**図から短期入所型のサービスである短

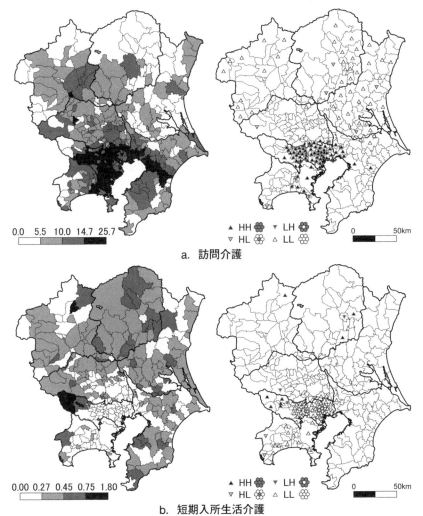

a. 訪問介護

b. 短期入所生活介護

注：データの制約から供給量の指標として訪問介護では要介護者100人当たりの訪問職員数
　　を，短期入所生活介護では同事業所数を用いた。
出典：宮澤（2021）を改変

図13-1　関東地方における介護サービス供給の地域差

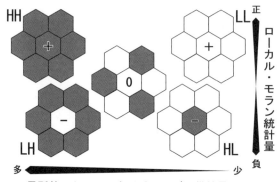

注：網掛けの地区は，サービス供給量の大きい地区であり，白い地区はそれが小さい地区
　　である。
出典：宮澤（2003）に掲載の図を一部改変

図13-2　サービス供給量の分布とローカルモラン統計量の関係

期入所生活介護の供給量をみると，訪問介護とは正反対の地域差がある
ことを理解できる。すなわち，東京都区部から郊外にかけて供給量の小
さい保険者が分布する一方で，関東地方の周辺部には相対的に供給量の
大きい保険者が散見される。

●事業者の参入行動が生み出すサービスの地域差

　明瞭な地域差が確認された場合には，その背景を分析することも重要
である。関東地方における介護サービス供給量の地域差には，介護事業
者がどのような地域を選んで介護事業に参入するかという空間的意思決
定が関係している（宮澤 2021）。以下では，介護事業者の法人種別に注
目して検証してみよう。

　図13-3a. には，訪問介護を提供する事業者について保険者別に卓越す
る法人種別を記号で示した。これによれば，東京都区部から関東地方の
縁辺部に向けて，営利法人が単独で卓越する保険者から，営利法人と他

の法人種別の事業者が共に卓越する保険者，そして営利法人の卓越がみ
られなくなる保険者という，同心円状の空間的パターンがみられること
がわかる。このことを図13-1a.と照らし合わせてみると，営利法人の卓
越に応じてサービス供給量の大きいことが理解できる。

　訪問介護に参入する営利法人は，特に要介護者の居住密度が高い，つ
まりニーズが稠密に存在する大都市を選択して参入する傾向がある。そ
の意思決定においては採算性が重視されていると考えられる。訪問型の
サービスでは事業所の事務スペースは小さくて済む一方で，利用者宅と
の巡回移動を必要とする。その時間は報酬の対象ではなく，むしろ職員
の交通費や給与の支払いが発生する。ゆえに訪問型サービスの事業では，
移動距離を小さくすることが採算性の確保には肝要である。営利法人の

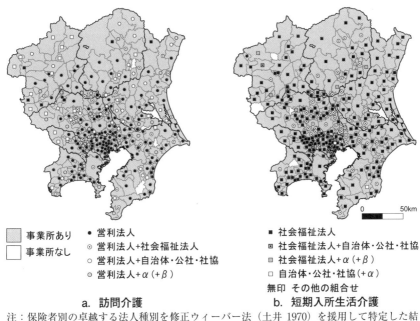

■ 事業所あり	● 営利法人
□ 事業所なし	◉ 営利法人＋社会福祉法人
	○ 営利法人＋自治体・公社・社協
	◎ 営利法人＋α（＋β）

　　　　　　■ 社会福祉法人
　　　　　　▣ 社会福祉法人＋自治体・公社・社協
　　　　　　▢ 社会福祉法人＋α（＋β）
　　　　　　□ 自治体・公社・社協（＋α）
無印　その他の組合せ

a.　訪問介護　　　　　　　　**b.　短期入所生活介護**

注：保険者別の卓越する法人種別を修正ウィーバー法（土井 1970）を援用して特定した結
　　果である。修正ウィーバー法は，複数の要素からなる構成割合のデータに対して理論
　　値と実測値の偏差平方和が最も小さくなる組合せを求めることで主要な要素を特定す
　　る手法である。
出典：宮澤（2021）を一部改変

図13-3　関東地方における介護事業者の法人種別

サービス展開が大都市へ集中しやすい背景として，要介護者の居宅との近接性が重視されているという要因が指摘できる。対照的な特性をもつ山間地域などにおいては訪問型サービスの採算性の低さが想定されるため，営利法人は参入に消極的である。そこでは社会福祉協議会などの公的性格の強い事業者が中心となってサービスを提供している。

　短期入所型サービスでは，受入れ施設と多職種の職員が必要となるため，事業所は施設サービスにおける介護施設に併設されるケースが少なくない。特に短期入所生活介護は，介護老人福祉施設（特別養護老人ホーム）に併設されたり，その空床を利用しているものが多い。介護老人福祉施設の運営者は，規制が緩和されずに自治体などの行政組織と社会福祉法人に限定されている。短期入所型サービス自体には他の種別の法人にも事業参入が可能だが，初期投資の大きさから特に営利法人の参入は低調である。このサービスの提供事業者が法人種別の点で限定される理由である。

　そして短期入所型サービスでは，入所者の送迎は行われるがその頻度は低く，実施にあたり報酬が加算されるため，訪問型サービスと違って要介護者宅との近接性はあまり重視されない。参入地域を選択する上では施設用地確保の容易さが重要となる。都市部の既成市街地は地価が高く，他の土地利用とも競合しやすい。特に大都市では，ニーズと比べてサービスの供給量は小さなものになりやすい（**図13-1b.**）。このことは，施設型サービスにおける介護施設の立地要因と同じである（杉浦2005）。**図13-3b.**からは，東京都区部における短期入所生活介護の事業者に社会福祉法人とあわせて自治体が卓越していることがわかる。このことも上記の理由から説明でき，施設用地の確保が難しい大都市の中心部では，公設民営の介護施設が多いことが背景にある。

3.　高齢者住宅の増加と立地特性

●居住安定化政策における高齢者住宅の位置づけ

　冒頭で述べたように，大都市では単独世帯の高齢者が多く，高齢者対応の住宅設備が整っているものは限られているため，施設サービスに対するニーズは大きい。ところが施設サービスには，前節で指摘したように需給の地域的なミスマッチがあり，大都市を中心に入所待機者が存在する。ゆえに高齢者の居住の安定は重要な課題である。

　2001年に施行された高齢者の居住の安定確保に関する法律では，高齢者の多様なニーズに応じるため，従来の自宅か施設入所かの二択ではない選択肢として，地域に高齢者向けの優良かつ多様な住まいを用意する方向性が示された。その受け皿として期待されてきたのが，主に民間の事業者が運営する有料老人ホームやサービス付き高齢者向け住宅などの通称「高齢者住宅」である。正式には居住系サービスと呼ばれるこれらの施設は，入居する高齢者に食事，家事，健康管理などの生活支援サービスを提供する施設であり，むしろ住宅に近い「居宅」とみなされている。入居者が介護を必要とする時には，介護保険の特定施設となっている住宅ではその運営事業者（または外部委託の事業者）が介護サービスも提供し，特定施設でない場合には，入居者が介護保険の事業者と別途契約して居宅サービスを利用する。

　高齢者住宅の総定員は介護保険の施設サービスと同程度の規模である（宮澤 2021）。中でも有料老人ホームとサービス付き高齢者向け住宅は，介護保険の施設サービスと対照的に大都市ほど利用対象者当たりでみた供給量が大きい。高齢者住宅は，大都市高齢者の居住安定化において無視することのできない資源である。

●**東京大都市圏における有料老人ホームの立地**

　サービスの地域差を面的な広がりからとらえる視点に続いて，よりミクロな施設等の立地特性との関係に注目することも人文地理学では基本的な手法の一つである。特定のサービス供給が卓越する地域がどのような特性をもっているのかを理解することによって，地域差が意味している社会・経済的な問題をうかがい知ることができる。ここでは，高齢者住宅の中でも定員規模が大きい有料老人ホーム（以下では適宜，ホームと省略する）を事例として，東京大都市圏におけるその立地特性を明らかにしてみよう（宮澤 2021）。

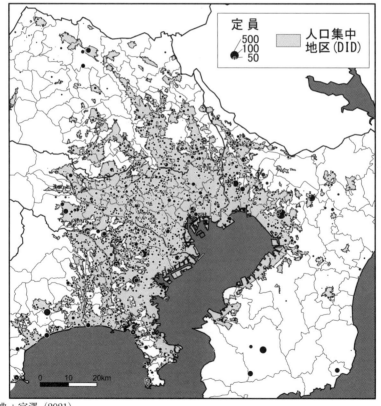

出典：宮澤（2021）

図13-4　東京大都市圏における有料老人ホームの立地（2015年）

　図13-4をみると，東京都区部の周辺部からその隣接地域にかけて，とりわけ南西方向の地域に有料老人ホームが高密度に立地しており，次いでさいたま市や千葉市，湘南地域に多数のホームが立地していることがわかる。この地図には2015年国勢調査の人口集中地区（DID）も示しているが，ほとんどのホームがその内部に立地している。さらにホームの7割弱は，最寄りの鉄道駅から直線距離で1 km以内に立地している。介護保険の介護老人福祉施設ではこれほどの高い値にはならない。有料老人ホームの開設は，既成市街地の近接性に優れた場所に集中していることがわかる。

　有料老人ホームは入居費用の地域差も大きい。**巻頭口絵⑭**は，入居金を含む5年間の総支払額をホームごとに計算した上で，その分布をGISの空間補間を用いて面的に推定した結果である。東京都区部およびその周辺において支払額が最も高く，西側の郊外から横浜市や湘南地域にかけてがそれに次ぐ水準の地域であることがわかる。ホームの入居費用は，建物のグレードや生活支援の水準だけではなく，周囲の不動産価格と家賃相場も考慮に入れて設定される（宮澤編著 2017）。ゆえに，都心部や鉄道沿線，ブランド力のある地域などに立地するホームの入居費用は高くなる傾向にある。

●従前の土地利用

　有料老人ホームは既成市街地の利便性の高い場所に開設されてきたことがわかった。では，そのような場所に，どのようにして，土地・建物が確保されるのであろうか。その手がかりを得るためにホームが開設される前の土地・建物の用途を住宅地図から明らかにした（**表13-1**）。なお，土地利用・建物用途の変化の分析は，都市や地域の課題をとらえる上で，従来人文地理学が重視してきた手法である。

表13-1　東京大都市圏における有料老人ホーム開設前の土地・建物用途

ホーム数（％）

従前の用途	計	駅から1km以内	駅から1kmより遠い
企業の福利厚生施設	393 （ 20.7)	329 （ 24.5)	64 （ 11.6)
農地・緑地	333 （ 17.5)	169 （ 12.6)	164 （ 29.7)
駐車場	275 （ 14.5)	204 （ 15.2)	71 （ 12.8)
戸建て住宅・アパート	266 （ 14.0)	181 （ 13.5)	85 （ 15.4)
工業・運送業用地	169 （ 8.9)	111 （ 8.3)	58 （ 10.5)
造成地・空き地	123 （ 6.5)	90 （ 6.7)	33 （ 6.0)
その他	339 （ 17.9)	261 （ 19.4)	78 （ 14.1)
計	1,898 （100.0)	1,345 （100.0)	553 （100.0)

出典：住宅地図より作成

　最も多かった従前用途は企業の福利厚生施設であり，その大半は単身者向けの社員寮であった。主にコンバージョン（建築物の用途転用）により開設されたものが多かった。次に多かった従前用途は農地・緑地であり，以下，主なものとして駐車場，戸建て住宅・アパートが続いた。従前に低・未利用地であったホームには新規建設のものが多かった。

　以上の従前用途を最寄駅からの距離帯別にみると，1km以内に開設されたホームの約4分の1は従前に企業の福利厚生施設であった。特に2000年代前半に駅から1km以内に開設されたホームでは，およそ半数が企業の福利厚生施設を従前用途としていた。その背景には，企業の法定外福利厚生の見直しにおいて高いコストに比して必要度が低下してきた給与住宅が削減の対象になったことがある（産労総合研究所 2000）。特に単身者向け社員寮は，各居室の面積が小さく転用の選択肢が限られる中で，有料老人ホームへの転用が選択されたと考えられる（宮澤 2010）。

　しかし，当該ケースは2010年代前半に入り全体的に減少した。それに替わって増えたのが戸建て住宅・アパートであった土地に開設されたホームである。高齢化の進展にともなう空き家の発生や土地家屋売却の増加といった都市の不動産をめぐる変化が背景にある（宮澤 2021）。既成市街地を指向する有料老人ホームでは，その開設に際して以上のようなミクロ・スケールの土地・建物確保に関する制約が強く働いていることがわかる。

4．住み慣れた地域に住み続けられるか

　この章では，人文地理学の研究手法を実際の社会的課題に対してどのように活かすことができるのかを福祉サービスを題材として述べてきた。特に，大都市高齢者の居住安定化にとって重要である居宅サービスや高齢者住宅に注目し，その供給量の地域差をGISによって分析した。また，地域差の形成要因をよりミクロな立地特性からとらえ，地図を用いた土地利用分析によってその立地特性を成した社会的背景も検証した。

　その結果，大都市では介護保険の居宅サービスに関して事業者の参入が盛んであるが，施設サービスに関しては需給のミスマッチが生じていることが明らかとなった。自宅近くの施設への入所を希望すれば待機期間が生じる可能性が高くなり，早期の入所を実現しようとすれば，定員に余裕のある地域の施設に入所せざるを得なくなる。大都市においてそれは，遠隔地の施設であることが多い（平井 2000）。一方，既存研究では施設入所に際しても近接性を重視する傾向が明らかにされている（杉浦 2005）。遠隔地の施設への入所は，家族や友人等による訪問面会の頻度が低まり，入所者の幸福度の低下につながりかねない。

　大都市で増加が著しい高齢者住宅は，この施設サービスの過少供給を

補うものとして期待されてきた。しかし，本章でみたようにその地域差は大きく，入居に際して比較的高額な費用を要する施設も多い。大都市に暮らす高齢者は必ずしも裕福な層ばかりではない（奥山 2009; 西 2015）。生活保護を受給するなどの生活に困窮した高齢者も多く，低額の高齢者住宅に入居しようとすれば，その選択肢は地域的に制限されてしまう。高齢者の社会経済的格差の拡大が指摘される中で，入居費用が高額の高齢者住宅が増加することは，大都市における社会的不公正を助長するものとして憂慮すべき問題である（宮澤 2010）。

このように，大都市高齢者は支援が必要となった後にも住み慣れた地域で暮らし続けることは容易ではなく，不本意な転居を強いられる高齢者も少なくない。日本では大都市において高齢者の人口移動が活発とされる（田原ほか 1997）が，その中には施設入所や住宅の問題から主体的ではないかたちで移動する高齢者も含まれているのである。現在，日本の福祉政策では地域包括ケアシステムの構築が重要課題とされている。これは，高齢者が住み慣れた地域においてできるだけ暮らし続けられることを理念に，安定した住まいを基盤として介護，医療，保健，福祉，生活支援といったさまざまなサービスや支援を一体的に提供する体制のことである。地域包括ケアシステムは，地域の特性に即して構築することが求められているが，不本意な転居を引き起こしかねないこの地域差までもが地域特性であるかのように扱われることは問題である。地域差を適正にとらえる視点を涵養し，政策のあり方を広く社会に問い直していくことは，人文地理学に求められる重要な今日的役割の一つとなっている。

参考文献

- 井上　孝・渡辺真知子編著 2014.『首都圏の高齢化』原書房.
- 奥野隆史 2001. 計量地理学の新しい潮流―主としてローカルモデルについて. 地理学評論 74: 431-451.
- 奥山正司 2009.『大都市における高齢者の生活』法政大学出版局.
- 国立社会保障・人口問題研究所 2018. 日本の地域別将来推計人口―平成27（2015）～57（2045）年―（平成30年推計）. 人口問題研究資料 340.
- 国立社会保障・人口問題研究所 2019. 日本の世帯数の将来推計（都道府県別推計）（2019年推計）. 人口問題研究資料 343.
- 産労総合研究所 2000. 社宅・独身寮の管理・運営の実態に関する調査(1) 社宅 社有社宅の廃止・縮小と借上げ社宅への切り替えすすむ. 労務事情 959: 38-53.
- 杉浦真一郎 2005.『地域と高齢者福祉―介護サービスの需給空間』古今書院.
- 田原裕子・岩垂雅子・荒井良雄 1997. 高齢者の居住地移動空間. 日本都市学会年報 31: 99-106.
- 土井喜久一 1970. ウィーバーの組合せ分析法の再検討と修正. 人文地理 22: 485-502.
- 西　律子 2015.『高齢者の居住空間と社会福祉』古今書院.
- 平井　誠 2000. 特別養護老人ホーム入所者における入所前の世帯構成と前住地の分布―東京都奥多摩町のAホーム入所者の分析. 人口学研究 27: 15-22.
- 宮澤　仁 2003. 関東地方における介護保険サービスの地域的偏在と事業者参入の関係市区町村データの統計分析を中心に. 地理学評論 76: 59-80.
- 宮澤　仁 2010. 東京大都市圏における有料老人ホームの立地と施設特性. *E-journal GEO* 4: 69-85.
- 宮澤　仁 2021.『大都市高齢者の介護・住まい・生活支援―福祉地理学から問い直す地域包括ケアシステム』明石書店.
- 森岡清美・望月　嵩編 1988『新しい家族社会学』培風館.

14 | 大都市郊外の持続再生とその担い手

宮澤　仁

《**本章の目標＆ポイント**》　大都市の郊外は，持続再生を課題としている。人文地理学の視点や手法を用いて，日本の郊外住宅地の現状を分析するとともに，持続再生の担い手について考える。特に民間の企業や，非営利組織などの地域のアクターの役割に注目し，ローカルな課題の解決に向けた取組みをみることにする。これにより，人文地理学が現代社会の動向に強い関心もつ学問分野であることを示す。

《**キーワード**》　郊外の持続再生，ニュータウン，民間企業，民間非営利組織（NPO），ローカル・ガバナンス

1. 郊外の形成と発展

　都市の郊外に形成された住宅地は，その嚆矢を18世紀末のイギリスの都市まで遡ることができる。近代の産業資本主義の勃興にともない都市の生産活動が活発化すると，都市中心部の喧噪や環境の悪化を嫌った富裕層が都市近郊の田園に移り住み，住宅地を形成した。郊外という空間の誕生であった（Fishman 1987）。それ以降，都市の郊外は時々の経済・社会との関係において変容し，その重要性も変化してきた。

　第二次世界大戦後は，アメリカ合衆国においてみられたように郊外居住が大衆化し，それに付随する消費財（住宅と自動車に加えてインテリア製品や電化製品など）の需要が喚起されて消費が拡大した。先進諸国における都市の郊外は，資本主義の発展にともなう大量生産・大量消費

型の社会の到来において拡大する生産と消費の対象として発展をみた（Harvey 1982）。アメリカ合衆国の大都市では，1960年代以降，人口の半数以上が郊外に居住し，雇用機会も郊外において急速に拡大した。

　日本においても明治から昭和の戦前期に東京や大阪といった大都市の近郊に富裕層・中産階級向けの住宅地が開発されたが（山口編 1987；片木ほか編 2000），郊外居住がより一般的なものとなったのは戦後のことであった。特に高度経済成長期には地方圏から大都市圏（中でも三大都市圏）への人口移動が卓越し，都市に流入した人々が労働力となって経済成長を支えた。大都市において増加する勤労者世帯の住まいとして，民間の開発業者や公的組織によって郊外に住宅団地やニュータウンが開発された。日本の大都市は郊外で人口が増加する郊外化の段階に入った（**巻頭口絵⑮a.**）。

　日本において大都市の郊外化はバブル景気後の1990年代前半まで続いたが，1990年代後半に都心回帰現象（第10章）が顕在化すると郊外へ流入する人口が減り，人口減少に転じる地域も現れた（**巻頭口絵⑮b.**）。日本の大都市の郊外化は，終焉を迎えたといわれている（江崎 2006）。そして大都市の郊外では高齢化が進行するようになった。

2.　郊外の高齢化と地域の諸問題

●大都市郊外の高齢化

　日本の大都市では，郊外に位置する1950年代末から1970年代前半にかけて入居が行われた鉄道沿線の住宅地や大規模ニュータウンをはじめとして高齢化した住宅地が多い。その背景には，高度経済成長期を中心とした時期に郊外に住むこととなった人口規模の大きな団塊世代（第一次ベビーブーマー）およびその前後の世代が高齢期を迎えたことがある。大都市の郊外における高齢化は，この先，団塊ジュニア世代（第二次ベ

ビーブーマー）が高齢期を迎えるため，しばらく継続することが予測されている。

　また，日本では大都市に人口が集中しているため，大都市における高齢化の進行は，高齢者数の極めて大きな増加を引き起こす。特に75歳以上の年齢（後期高齢者）になるとおよそ３分の１が要介護・要支援状態になるため，この年齢層の増加に対してはさまざまな課題がともなう。**図14-1**は，2015年と2025年を対象に日本国内の75歳以上人口の地域的分布を面積カルトグラムを用いて示したものである。75歳以上人口の多い市町村ほど，地図上で広く描かれており，75歳以上人口の規模の違いを視覚的に把握しやすい。この図をみると，2015年にはすでに三大都市圏が広く描かれていたが，10年後の2025年のカルトグラムでは三大都市圏の郊外における地図上の面積がさらに拡大している。郊外における人口高齢化の著しさを表している。

●高齢者の増加にともなう地域の諸問題

　高齢者の増加は，その数や割合の変化にとどまらず，生活ニーズや地域の経済・社会にまでさまざまな影響を及ぼす（宮澤 2015）。郊外では

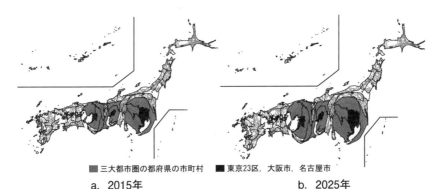

■三大都市圏の都府県の市町村　　■東京23区，大阪市，名古屋市

a. 2015年　　　　　　　　　　　b. 2025年

注：ここでは三大都市圏を東京都，神奈川県，埼玉県，千葉県，愛知県，岐阜県，三重県，
　　大阪府，京都府，兵庫県，奈良県の範囲として，各都市圏の中心都市を東京23区，名
　　古屋市，大阪市とした。

出典：2015年国勢調査，国立社会保障・人口問題研究所（2018）を用いて作成

図14-1　市町村別75歳以上人口の面積カルトグラム

後期高齢者の増加とともに単独世帯および高齢者のみの世帯が多くなるため，福祉サービスと生活支援のより一層の充実が求められる（第13章）。それらの支援と高齢者の結びつきを喪失しかねない社会的孤立も大きな課題である。社会的孤立は，加齢にともなう身体機能の低下や障害をきっかけに日常生活に制限を受けることによっても助長されるため，バリアフリーの観点から住宅や住環境を改善・改良することが求められる。日本ではバリアフリー思想の普及が遅く，丘陵地に開発された郊外住宅地も多い（第9章）。現在，そのような住宅地で高齢化が進んでいるため，なおさらバリアフリーの観点に立った環境改善の取組みが必要である。

　住宅については，高齢者がこれまで暮らしてきた住宅での生活が困難になって転出したり，死亡した後に，住む人がいない住宅が空き家になるケースが増えている。空き家は，適正管理が困難になると多岐にわたる外部不経済を周囲にもたらすため，地域社会に深刻な問題として受け止められている。また，地域の商業地区においても空き店舗等の遊休施設が増加しており，空き家と同様に外部不経済をもたらす恐れがある。高齢化ならびに人口の減少は地域内の購買力の縮小につながり，小売店舗等の生活関連施設が減少する要因になっている。生活関連施設の喪失やそこへの近接性の低下は，高齢者による買い物をはじめとする生活行動に支障を生じさせ，低栄養などの健康問題に結びつくだけでなく，高齢者の社会的孤立をも助長する。地域の空き家や空き店舗等の遊休施設は，適切な管理および有効な利活用が求められる。

3. 郊外ニュータウンの現状

　ここでは，日本の大都市郊外に位置する主要な住宅地の中から大阪府の千里ニュータウンと東京都の多摩ニュータウンを取り上げて，郊外ニュータウンの現状に目を向けることにする（**表14-1**，**図14-2**）。

表14-1　千里ニュータウンおよび多摩ニュータウンの概要

	千里ニュータウン	多摩ニュータウン
開発面積	1,160ha	2,853ha
計画人口	150,000人	340,000人
行政区域	吹田市，豊中市	多摩市，八王子市，稲城市，町田市
施行者	大阪府	東京都，東京都住宅供給公社，日本住宅公団（現 都市再生機構）
開発手法	一団地住宅経営事業，新住宅市街地開発事業	新住宅市街地開発事業，土地区画整理事業
事業期間	1960～1969年	1966～2006年
入居開始	1962年	1971年
都心からの直線距離	約12km	約30km
土地利用		
住居	41.7%	35.3%
道路	21.8%	19.5%
公園	20.9%	18.4%
公共施設	15.6%	26.8%

注：土地利用は，新住宅市街地開発事業の都市計画決定区域（1995年2月）の値であり，公共施設には業務・使用工業地区を含む。
出典：福原（1998）を一部改変

　両ニュータウンは，東京と大阪において高度経済成長期以降に増大した住宅需要に対して良好な住宅の供給および無秩序な市街地開発（スプロール化）の抑制を目的に，公的組織により開発された大規模ニュータウンである。千里ニュータウンは，大阪の都心から北に約12kmの位置に，千里丘陵を造成して開発された，面積1,160ha，計画人口15万のニュータウンである。1962年に開発範囲の南東部から入居が始まり，1969年ま

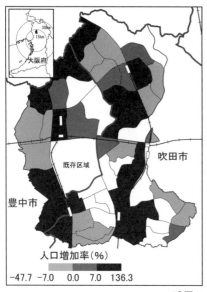
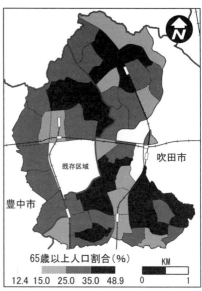

人口増加率(%)

−47.7 −7.0 0.0 7.0 136.3

65歳以上人口割合(%)

12.4 15.0 25.0 35.0 48.9

KM
0　　　　　　　　1

a.　千里ニュータウン

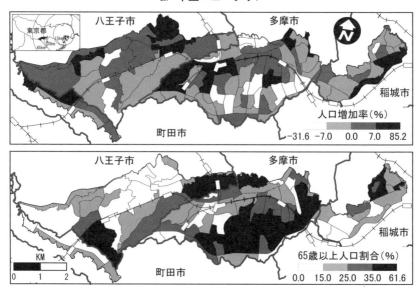

人口増加率(%)

−31.6 −7.0 0.0 7.0 85.2

65歳以上人口割合(%)

0.0 15.0 25.0 35.0 61.6

KM
0　　1　　2

b.　多摩ニュータウン

出典：住民基本台帳に基づく人口（各年9月末日または10月1日）から作成

**図14-2　千里ニュータウンおよび多摩ニュータウンにおける人口の変化
（2015-2020年）と高齢化の状況（2020年）**

で開発が進められた。一方の多摩ニュータウンは，東京の都心から西に30km前後の位置に，多摩丘陵を造成して開発された。その面積は約2,853ha，計画人口は34万であり，公的開発のニュータウンとしては日本最大規模である。入居は千里ニュータウンと比べて約10年遅く，1971年に開発範囲の中南部から入居が始まり，開発事業は2000年代の中盤まで進められた。また，両ニュータウン内には，公立学校の通学区に基づき住区（千里ニュータウンでは小学校区，多摩ニュータウンでは中学校区を基に）が設けられ，住区内には近隣センターと呼ばれる商店街や医療施設，公園等が計画的に配置され，歩行者専用道で連絡されている。

　両ニュータウンともに現在まで計画人口に達しておらず，千里ニュータウンでは1975年の約13万をピークに減少しはじめ，2000年代の後半には9万を割った。しかし，その後の居住人口は増加に転じており，2019年には10万まで回復した。一方，多摩ニュータウンでは2000年代中盤の公的開発の終了後も民間の開発業者による住宅供給が行われたため，居住人口は近年になって微減となるまで緩やかに増加が続き，22万台で推移してきた。また，高齢化の状況を65歳以上人口の割合からみれば，2019年に千里ニュータウン全体では29.8％，多摩ニュータウン全体では24.4％であった。

　しかし，人口の変化と高齢化の状況にはニュータウン内で大きな差がみられる（**図14-2**）。千里ニュータウンにおいては後述する集合住宅の建替えの影響が大きいため，まずはその影響が小さい多摩ニュータウン内の人口の変化と高齢化の状況をみてみよう。多摩ニュータウンでは，早い時期に入居が行われた地区において人口減少と高齢化が進んでいる。その背景には，当初入居した主な世帯が小さな子どもと30代の親から成るファミリー世帯であり，年齢において地域の人口が大きく偏ったことに加えて，その後は子世代が成長し独立する一方で親世代には多摩

ニュータウンに住み続け, 現在までに加齢した人が多かったことがある。また, 都営住宅も多いため, 単身者を中心に高齢者世帯の転入がみられる。一方, 人口が増えたり, 高齢化の緩やかな地区は, 入居の時期が遅いか, マンションやアパートなどの民間の住宅が供給され, 住民の入れ替わりがみられる地区である。

多摩ニュータウンの住環境は, 都市基盤と公共施設の整備水準が高いゆえに概して良好であり, 空き家の発生も周辺地域と比べれば緩やかである (Miyazawa 2019)。ただし, 入居が早かった地区では, 住宅の老朽化ならびにバリアフリーへの対応が課題となっている。特に丘陵地に開発された多摩ニュータウンにはまちの中に坂や階段が多く, 集合住宅も2013年に竣工した事例をはじめ一部で建替えが進められているものの, 依然としてエレベータ未設置の中層集合住宅が多い。そのような地域の環境において高齢者の身体機能がいったん低下すれば, 日常生活のさまざまな側面に支障が生じるであろう。また, 少子化を受けて公立学校の統廃合が進み, 団地内の近隣センターでは空き店舗が発生するなど, 生活関連施設が失われつつある。身近な食料品店やスーパーマーケット, 診療所の閉鎖がみられており, 自動車を運転できない高齢者などのモビリティの低い住民の生活が心配される。

入居がより早かった千里ニュータウンにおいては, 先行して同様の課題が顕在化し, 現在でも高齢化した団地や近隣センターにおける空き店舗がみられる。ただし, 多摩ニュータウンと比べて中層集合住宅の建替えが先行しており, 老朽化した住宅が更新され, 住宅のバリアフリー化が進んでいる。また, 次に述べるように, 千里ニュータウンにおける中層集合住宅の建替えでは, 民間のマンションが一緒に供給されるケースが多いため, 若い世代の転入も増えており, ひいてはニュータウン全体の人口が回復するに至っている。

4.　郊外ニュータウンの持続再生とその担い手

●民活方式による集合住宅団地の再生

　千里ニュータウンにおいて初の集合住宅の建替えは，大阪府住宅供給公社（府公社と省略する）が分譲した住宅を対象に行われ，建替え後住宅は1999年に竣工した。多摩ニュータウンと比べて10年以上早く，その後も集合住宅の建替えが多数行われてきた（**図14-3，4**）。それが本格化したのは2000年代中ごろに公的賃貸住宅の建替えが始まってからのことであり，以下のような民活方式の導入がそれを促した（香川 2013）。千里ニュータウンでは2005年から，府公社が管理する全ての中層の賃貸住宅において建替えが始まった。この事業には，戻り入居者が住むことになる賃貸住宅の戸数を高層建築で確保して余剰地を最大限生み出し，それを民間に売却することで事業費に充てる方式が採用された。さらに事

注：奥のマンションは，日本住宅公団が1969年に分譲した集合住宅団地（5階建，17棟，380戸）を建て替えて2011〜2012年に竣工した。総戸数は約2倍（10棟のうち多くが13〜15階建，798戸）となり余剰分は分譲された。手前中央から右にかけてのポイントハウスは，1966〜1967年に建設された府営団地（5階建，31棟，1,040戸）の一部であり，2020年現在は建替えのために建て壊されている。この団地では，20棟を建て替えて5棟（9〜13階建）に集約し，余剰地（2万m²弱）は売却される。ただし，この団地では事業の早い段階で余剰地を確保できないため，PFI方式は導入されない。
出典：2012年9月筆者撮影

図14-3　千里ニュータウンにおける集合住宅建替えの一例

業を委託する事業者の選定は，複数の事業者の提案に基づきふさわしい
事業者を選ぶ事業提案競技等の方式が採用された。また，2007年には大
阪府が，一部を除いてPFI（Private Finance Initiative）方式を採用して，
千里ニュータウン内の府営住宅の建替えに着手した。PFIとは公共施設
等の整備や維持管理，運営にあたって民間の資金やノウハウを活用する
仕組みである。また府営住宅の建替えにおいても高層住宅の建築による
住戸の集約化から余剰地を生み出し，民間に売却することで事業費に充
てており，余剰地の活用方法もあわせて委託する事業者を競技方式で選
定している。

　以上のような民活方式の建替え事業が実現するには，次のような条件
が必要である。第1は，余剰地（や余剰床）を十分に確保できるだけの
広さおよび低密度の住宅地であり，さらに容積率を緩和できることであ

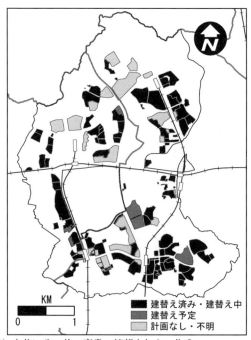

出典：佐藤（2010）を基にその後の事業の情報を加えて作成

図14-4　千里ニュータウンにおける主な集合住宅の建替えの状況

る。千里ニュータウンをはじめ早い時期に公的に開発された日本の
ニュータウンは，中層の集合住宅が主体で，住棟の間隔も広くとられて
いる。建替えにおいて新築高層住宅に住戸を集約することで余剰地を確
保しやすかったといえる。第2は，市場価値が高くなる立地である。住
宅地の評価は，余剰地の売却とその利用から得られる収益を大きく左右
する。余剰地を購入した民間事業者がそこに分譲マンションを開発する
のであればなおさら立地は重要となる。千里ニュータウンは，人気があ
る北摂地域の住宅地の中でも，大阪の都心や東海道・山陽新幹線の新大
阪駅，高速道路のインターチェンジ，大阪国際空港などへのアクセスに
優れており，特に人気の高い住宅地である。このような地理的条件が，
千里ニュータウンにおける建替えを促進していると考えられる。

●民間非営利組織による福祉活動

　先の節で述べたように高齢化と関連するものに限ってみても，大都市
の郊外にはさまざまな課題が生じている。その一方で多くの郊外自治体
では現在は余裕があると考えられていても財政上の制約は強まる傾向に
あり，将来の自治体財政は厳しいものになることが予測されている（高
橋ほか 2017）。より効率的な自治体運営が必要となるため，多くの自治
体は行財政改革を進めてきた。その中で都市基盤や公共施設等の更新・
維持管理や，公的サービスの提供などにおいて民間への事業の移行や委
託の拡大が図られており，先にみた民間企業だけでなく協働の重要な
パートナーとして住民をはじめとする地域のさまざまな主体が位置づけ
られている。地域のさまざまな主体の活動は，郊外ニュータウンのまち
づくりにおいて注目されてきた（たとえば山本 2009）。これに関連して
多摩ニュータウンにおける民間非営利組織の福祉活動をみることにす
る。

　多摩ニュータウンでは，開発当初の生活の不便を改善するために市民運動や生協運動が盛んに行われた経緯があり，現在でも住民等の地域の主体が取り組む課題解決活動が盛んである。その中から特定非営利活動法人（NPO法人）の活動に注目すると，多摩ニュータウンでは高齢化や福祉的ニーズを有する居住者が少なくない都営住宅の立地を背景に，保健・医療・福祉の増進を活動内容とするNPO法人が多い。それらの団体は近隣センターの空き店舗を活用しながら活動するなどしており，まちづくりの重要な担い手となっている（**図14-5**）。

　その活動内容をみると，高齢者を対象に活動する団体では，介護保険の指定事業者として訪問介護や通所介護を提供する団体が多く，保険外でもヘルパー派遣などの自立生活支援や，福祉有償運送や外出支援（階段昇降支援を含む）などの移動支援，コミュニティ・カフェやサロン活動といった居場所づくり（**図14-6**）に取り組む団体がみられる（宮澤2021）。また，高齢者以外を対象とした活動もみると，障害のある人に就労訓練のためのサービスを提供する団体が多く，就労の場として食料品や弁当，雑貨等を作り安価に販売したり，住民の交流の場となるコミュニティ・レストランやコミュニティ・カフェを運営したりするケースが多い。これらの店舗等は地域の高齢者にも利用されている。

　多摩ニュータウンの近隣センターは空き店舗が増えており，当初計画

注：障害のある人が入居するグループホーム（共同生活援助）は，その位置の特定を避けるために表示していない。
出典：東京都NPO法人ポータルサイトの活動報告書より作成。宮澤（2021）より転載

図14-5　多摩ニュータウンにおいて福祉活動に取り組むNPO法人の活動拠点（2019年）

された商業空間としての役割は長く続かなかったといえる。しかし現在では住民の生活を支える福祉活動の拠点となっている。それを牽引しているのがNPO法人をはじめとする民間非営利組織であり，遊休化することで安価に利用できるようになった施設空間の存在がそれらの福祉活動を引き付けているといえる（宮澤 2021）。さらに多摩ニュータウンでは，高齢化が進んだ最初期の入居地区において，民間非営利組織をはじめ地域のさまざまな主体の協働のもとに，地域包括ケアシステム構築（第13章）のためのモデル事業が行われている。近隣センターはその拠点ともなっている（宮澤 2018）。

●民間活力活用の課題

　これまでみてきたように，日本の大都市郊外はさまざまな課題に直面しており，その持続再生に向けた課題解決の担い手として，民間の企業

注：このコミュニティ・カフェは，高齢者の居場所づくりに取り組むNPO法人が近隣センターの空き店舗を借りて運営している。カフェは日曜日を除いて営業しており，日替り定食や軽食も提供している。利用者は1日当たり50人から70人である。運営は，法人の理事のほかに，主婦や退職後の男性を中心とした地域のボランティアが交代で担っている。ミニデイサービスも実施しており，さまざまなイベント（介護予防体操や健康麻雀，唱歌など）を開催している。また，弁当の配達や家事援助などを通じて在宅での生活を支援したり，広報誌を発行して情報発信に努めたりしている。
出典：2017年8月放送大学映像教材用として収録した映像から

図14-6　多摩ニュータウンにおける高齢者の居場所づくり

そして民間の非営利組織という「民間」の主体が注目されてきた。民間活力活用の背景には，財政的制約の強まりから行政がこれまで担ってきた役割と責任の一定部分を民間が負うものとして地域の課題の解決が主張されるようになり，民間が行政による垂直的な統治の対象となる官民型の社会＝ガバメントから，多様な主体の水平的な協働により社会がマネジメントされるという協治＝ガバナンスへの転換が，都市社会の再構築における趨勢となってきたことがある（武川 2006; 中邨 2007）。郊外の持続再生に向けた取組みも地域のスケールで構築される協働としてのローカル・ガバナンスに基づく傾向が強くみられる。

　しかし，民間の活力活用に課題がないわけではない。集合住宅団地の再生に関していえば，本章で取り上げた方式による建替えの実現は市場価値の高い立地において可能となり，何処においても適用できるわけではない。また，事業後には高層の集合住宅が林立することになるため，ヒューマンスケールを欠いた住宅地とならないようにできるだけ工夫する必要があるし，建替え一辺倒の再生事業は環境に与える負荷が大きいという問題もある。民間非営利組織による活動に関しても，たとえば活動の資金的基盤を安定化するために介護保険等の事業者になるには複雑な制度の理解や事務処理の負担が大きかったり，補助金に依存して自治体の下請け的な立ち位置になったりすることによる自主性や自律性の喪失，活力の消耗が危惧されており，さらにボランティアという名の無償もしくは安価な労働力の動員という問題にもつねに直面している。

　こうした点を踏まえれば，民間の役割を無批判に称揚することはできない。真に地域の課題を解決するためには，公正も実現するようなローカル・ガバナンスの構築が求められるのではないだろうか。

参考文献

- 江崎雄治 2006.『首都圏人口の将来像―都心と郊外の人口地理学』専修大学出版局.
- 香川貴志 2013. 都市発達史的にみた日本のニュータウンの特徴と再生に向けた都市政策. 近畿都市学会編『都市構造と都市政策』77-83. 古今書院.
- 片木　篤・藤谷陽悦・角野幸博編 2000.『近代日本の郊外住宅地』鹿島出版会.
- 国立社会保障・人口問題研究所 2018. 日本の地域別将来推計人口―平成27（2015）～57（2045）年―（平成30年推計）. 人口問題研究資料 340.
- 佐藤健正 2010. 千里ニュータウン―半世紀の軌跡とその今日. http://www.ichiura.co.jp/newtown/（最終閲覧日：2020年12月25日）
- 高橋昌也・毛利雄一・森尾　淳・河上翔太・寺部慎太郎. 2017. 首都圏における都市財政の特性分析. 土木学会論文集D3（土木計画学）73(5): I_301-I_308.
- 武川正吾 2006. グローバル化と個人化のなかのソーシャル・ガバナンス. 似田貝香門・矢澤澄子・吉原直樹編著『越境する都市とガバナンス』115-140. 法政大学出版局.
- 中邨　章 2007.『改訂　自治体主権のシナリオ―ガバナンス・NPM・市民社会』芦書房.
- 福原正弘 1998.『ニュータウンは今―40年目の夢と現実』東京新聞出版局.
- 宮澤　仁 2015. 大都市圏郊外の高齢化とまちづくりの課題. 日野正輝・香川貴志編『変わりゆく日本の大都市圏―ポスト成長社会における都市のかたち』179-196. ナカニシヤ出版.
- 宮澤　仁 2018. 都市郊外にみる現代社会の課題. 佐藤廉也・宮澤　仁編著『現代人文地理学』216-228. 放送大学教育振興会.
- 宮澤　仁 2021.『大都市高齢者の介護・住まい・生活支援―福祉地理学から問い直す地域包括ケアシステム』明石書店.
- 山口　廣編 1987.『郊外住宅地の系譜―東京の田園ユートピア』鹿島出版会.
- 山本　茂 2009.『ニュータウン再生 - 住環境マネジメントの課題と展望』学芸出版社.
- Fishman, R. 1987. *Bourgeois utopias: The rise and fall of suburbia*. New York: Basic Books Inc. フィッシュマン，R. 著，小池和子訳 1990.『ブルジョワ・ユー

トピア—郊外住宅地の盛衰』勁草書房.

- Harvey, D. 1982. *The limits to capital. Oxford*: Brackwell. ハーヴェイ, D. 著, 松石勝彦・水岡不二雄訳 1989・1990. 『空間編成の経済理論—資本の限界　上・下』大明堂.

- Miyazawa, H. 2019. Distribution of vacant homes in Tama City in Tokyo metropolitan area: Estimation using GIS and small area statistics. In *The rise in vacant housing in post-growth Japan: Housing market, urban policy, and revitalizing aging cities*, eds. T. Kubo, and Y. Yui, 87-109. Singapore: Springer Nature Singapore Pte Ltd.

15 | 人文地理学の系譜と進化

佐藤　廉也

《**本章の目標＆ポイント**》　文化情報の拡散や人の移動と地理的分布との関係という地理学の古典的な問いを手がかりに，人文地理学の学問的革新の歴史を振り返り，古典地理学において提示された問いが時代にあわせて繰り返し更新され発展する動態をみる。そうした「系譜と進化」を踏まえ，人文地理学の未来について展望する。

《**キーワード**》　地理的分布, 人の移動, 情報の拡散, 文化進化, 学問の革新

1. 古典地理学の問い

　巻頭口絵⑯は，昭和初期における「カタツムリ」を指す方言の分布である。九州の西部・南部や東北地方北部には「ナメクジ」「ツブリ」が多く分布し，四国や東北・関東地方には「カタツムリ」が集中する。一方,「デンデンムシ」は近畿地方などに多く,その外側に接するように「マイマイ」が分布しているようにみえる。民俗学者の柳田国男によって地図化されたもので，柳田はこの分布をもとに，方言周圏論という仮説を提唱したことが知られている（柳田 1980）。

　柳田の方言周圏論は,方言の中には同心円状に分布するものがみられ,その理由として，歴史的な文化の中心地（柳田の想定では京都）で新しい言葉が生まれ，それが時間の経過とともに中心から周辺へと拡がり古い言葉と置き替わっていくためであり，その結果周辺ほど古い言葉が

残っていると説明する仮説である。「カタツムリ」のほかにも，類似の分布パターンを示すものは少なくない。興味深いことに，言葉に限らず，たとえば血液型や酒の強さ（主に人間の体内で生産される分解酵素の働きによるアルコール代謝の個人差）など，遺伝的形質の分布も同じように同心円状にみえる分布パターンを示すものが少なくない。遺伝的形質にもこのような分布パターンがみられるということは，単に情報だけが拡がっていくのではなく，人の移動や通婚圏も分布パターンの成因の一つであることを示唆する。

　農政学を学び，1920年代に渡欧経験のある柳田は，方言周圏論の着想の一部を18世紀ドイツの経済・地理学者J.H.フォン・チューネンの『孤立国』などから得たという（柳田 1980: 225）。柳田がどの程度当時のドイツ地理学の理論を知っていたのかはわからないが，方言周圏論の内容はチューネンの地代モデルよりも，同じドイツの地理学者F.ラッツェルが19世紀後期に提起した文化伝播論・形態圏論との親和性が高い。

　19世紀ドイツで近代地理学の基礎を築いたラッツェルは，C.R.ダーウィンの影響を受け，民族・文化の形成における環境の役割を強調する理論の提唱者として知られる。その一方でラッツェルは，新しい文化が発生し，模倣・伝播によって拡散していくプロセスを，さまざまな文化要素の形態分布をもとに研究し，文化の伝播・拡散の研究を地理学の重要な研究課題として位置づけ，文化地理学と呼ばれる分野の基礎を築いた。考察の方法として博物館資料などを用いた文化要素の分布図作成を行い，類似する形態が連続的に分布する領域を「民族誌的形態圏」と呼び，形態圏の中心に近いほどさまざまな文化要素の原型的な形態がみられ，周辺にいくほどその変化型が現れ，結果として地理的な同心円構造が形成されるとした（久武 2000: 81-86）。

　ラッツェルの形態圏論は，時間の経過に従って中心から周辺へと文化

要素が拡散していくことによって同心円状の分布が形成されるというもので，柳田の方言周圏論に非常によく似た発想であることがわかる。文化が起源地からどのように拡散しどのような分布パターンを形成するのかというラッツェルの問いと探究の方法は，その後ドイツの民族学者フロベニウスによって引き継がれ，アフリカやオセアニアでの研究を通して文化人類学における文化圏説として発展させられていった（久武 2000: 84-85）。

　形態圏論の手法を用いた研究対象には農耕・牧畜の起源と伝播に関する問題も含まれる。19世紀の民族学・人類学では，狩猟から遊牧社会を経て農耕へ移行するという18世紀に生まれた発展段階説が残存していたが，1887年に著した『民族誌』の中でラッツェルは，農耕と牧畜の導入が定住生活への移行と並行して起こったことや，鍬を用いた農耕と犂を用いた農耕は別々の起源と系統を持つものであることなど，今日の農耕・牧畜の起源と伝播に関する研究の基礎となる新しい見解を示した（久武 2000: 86）。こうした研究はその後，E.ハーンによる農具の研究を経て，米国の文化地理学者C.O.サウアーによる農耕の起源と伝播に関する研究として引き継がれていった（サウアー 1960）。

　ところで，**巻頭口絵⑯**をよくみると，きれいな「同心円分布」にはほど遠いことがわかるだろう。デンデンムシ系の呼称は東北や九州にもみられるし，ほかにも飛び地のように周囲と異なる呼称をもつ地域も少なくない。さらに，「カタツムリ」を指す方言分布は，今日では全く均質化し，カタツムリ・デンデンムシの二つの呼称以外はほぼ消失してしまっている（大西編 2016: 10-11）。当然のことながら，現実の文化要素の拡散においては物理的な時間と距離以外にもさまざまな変数があり，地域は均質な平面ではないため，きれいな幾何学パターンになることは通常はない。実際，柳田の方言周圏論もラッツェルの形態圏論も，数多くの

反例を挙げられることによって批判された。

　では，こうした古典地理学の発想は，今では顧みる価値の乏しい古びた理論なのだろうか。人の移動や文化情報の拡散を説明したり，予測したりする理論や方法はその後どのようなものがあるのだろうか。この最終章では，上記のような地理学の古典的な問いが人文地理学内外の学問的革新によってどのように受け継がれ発展していったのかをたどることによって，人文地理学という学問の系譜と進化について考えてみたい。

2. 計量革命と拡散モデル

●ヘーゲルストランドの拡散モデル

　ラッツェルが提起した人や情報の拡散という問いに対する革新的研究は，計量革命期（第1章参照）に人文地理学界の「辺境」で起こった（杉浦 2001）。第12章でも取り上げたスウェーデンの人文地理学者 T.ヘーゲルストランドは，1953年にルンド大学に提出された博士論文において，

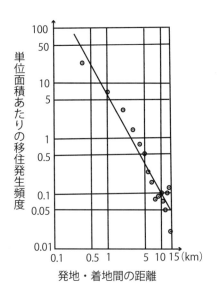

注：両軸に対数をとっており，実際には距離の増加とともに指数関数的に頻度が減少する。
出典：Hägerstrand（1967）を一部改変

図15-1　移住頻度と発地・着地間の距離との関係

スウェーデン南部の一地域における人の移住やさまざまな情報・イノベーションの時空間的な拡散過程を地図に表すとともに，その拡散のプロセスを再現するためのシミュレーションモデルを，当時核物理学者によって考案されたばかりの乱数を用いたシミュレーション手法であるモンテカルロ法を使うことによって考案した（Hägerstrand 1967）。以下では，ヘーゲルストランドの拡散モデルの基本的な考え方をみてみよう。

　ヘーゲルストランドはまず，移住や2地点間の電話の通信量，そして牛疫ワクチンの普及のような農牧業の技術革新，自動車やラジオの普及など，20世紀前半期のスウェーデンにみられたさまざまな時空間的な人の移動量や技術の拡散過程を時期ごとに地図に表現した。その結果，多くの人や情報の拡がりが指数関数的な距離減衰を示すことを見いだした。たとえば**図15-1**のように，任意の2地点間の移住の発生頻度は，2地点間の距離の増加に従って指数関数的に量が減少していく。彼はこうした拡散過程を再現するために，**図15-2（1）**のようなグリッドを設定し，距離減衰とモンテカルロ法を組み合わせた規則に従って中央のセルから周囲のセルへと拡散し，それが前の状態から次の状態へと何世代もの間繰り返されるというシミュレーションの基本モデルを作った。

　この基本モデルは，当然のことながら現実を極端に単純化したものであり，現実のプロセスを再現するにはほど遠い。たとえば，基本モデルのグリッドのように空虚な空間は現実には存在しないし，人口分布も均等ではない。また都市のように，場所間の関係はしばしば階層性を持っており，階層関係によって拡散速度も異なる。地形や国境が拡散の障壁となることもある。ヘーゲルストランドやその研究に啓発された地理学者たちは，現実の観察に基づいて改良を重ね，シミュレーションを現実に近づけていった。

　一方，ヘーゲルストランドの研究に先立って，米国の農村社会学者

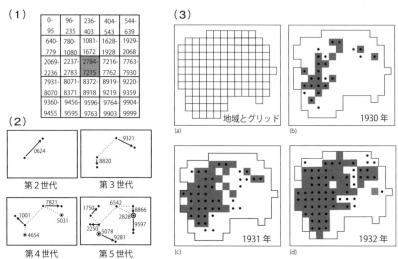

注：(1)は「情報場」と呼ばれる「0から9999までの目が出るサイコロ」である。サイコロをふり，出た目に従って中央のセルから情報が拡散するものとする。中央のセルは最も目の範囲（確率）が大きく（2784〜7215），4隅のセルが最も小さい（0〜95）ことに注意（中央セルからの距離に従って情報伝達の確率が設定される）。(2)は(1)のルールによるシミュレーションの例。出たサイコロの目に従ってポイントが拡散する。「次世代」では，前の世代までに拡散したポイントそれぞれからサイコロが振られる（中央セルの範囲の目が出た場合には○を重ねている）。(3)はスウェーデン南部における農業革新受容の実際の過程とシミュレーション結果を重ねたもの。網掛けのセルはシミュレーションの結果を，●印は実際の拡散を示す。
出典：Hägerstrand（1967），Haggett（2001）をもとに作成

図15-2　ヘーゲルストランドの拡散シミュレーションモデル

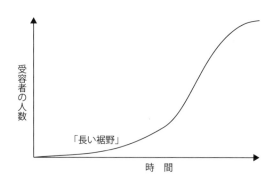

注：抵抗性の大きさにより左側の裾野が長いカーブとなる。
出典：Henrich（2001）をもとに作成

図15-3　情報拡散と抵抗性

B.ライアンとN.C.グロスは，長期間の観察と聞取り調査によって，アイオワ州の農家の間でのトウモロコシ新品種の時空間的拡散過程を詳細に明らかにし，その結果，イノベーションの拡散は**図15-3**のようなS字カーブを描いて拡がっていくことがわかっていた（Ryan and Gross 1943）。ここで明らかになったのは，新しい知識・技術を受け入れるにあたっての受容性・抵抗性は人によって異なるということ，人は周囲の人々の状況をみて受容することを決める日和見的な性質を持っているということなどである。ヘーゲルストランドはライアンらの研究を踏まえ，抵抗性の強弱を設定したり，拡散ステージごとに抵抗性を変えるなどの基本モデル改良を行い，モデルを現実に近づけていった。

　こうして改良されたモデルと現実のイノベーションの拡散過程を重ねたものの一例が，スウェーデン南部の一地方における森林保全のための農業補助金の受容過程を示した**図15-2（3）**である。基本モデルに，事例ごとに適切な変数を付け加え改良することによって，現実の拡散過程を再現することが可能になり，さらに将来の拡散を予測することができることを示した。ラッツェルの構想した文化の拡散仮説は，数理的な手法の人文社会科学への応用が可能になった時代背景のもとに，ヘーゲルストランドによって定量的な説明が与えられることになったのである。

●拡散モデルの応用と発展

　ヘーゲルストランドの拡散モデルは，扱う現象に応じて必要な条件を付け加えることによって，過去の歴史的プロセスの再現から，感染症流行メカニズムの解明や予防予測まで，さまざまに応用された。ここでは一つのみ例を紹介する。

　オーストラリア国立大学の人文地理学者R.G.ウォードらのグループは，太平洋における集団の拡散史に関する仮説を，コンピュータを用い

た漂流航海シミュレーション実験によって検証することを試みた（Levison et al. 1973）。太平洋とアメリカ大陸海岸部の全領域を網羅する英国気象台データを用いて，経緯度5度ごとのグリッドの各セルに風向・風力や海流を確率を考慮して設定し，太平洋の島々やアメリカ大陸海岸など，多数の地点からカヌーを出発させ，決められた生存期間内に他の島に到着するか，遭難死亡で終わるかを約10万回にわたって実施した（図15-4）。

　以上のシミュレーション実験は，太平洋の先史学にいくつかの重要な知見を与えた。たとえば，ポリネシア外部から内部に漂流によって到達することはほとんど不可能であること，また中央ポリネシアからハワイ，イースター島，ニュージーランドなどへの漂流航海がほとんど不可能なことなどである。しかし，ハワイやニュージーランドへの航海は，歴史上実際に起こったことである。この実験結果は，ポリネシア人の拡散が単なる片道の漂流航海ばかりではなく，高度な技術を用いた新島発見の

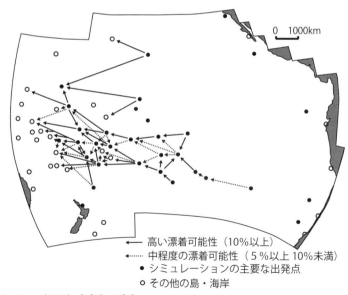

高い漂着可能性（10％以上）
中程度の漂着可能性（5％以上10％未満）
● シミュレーションの主要な出発点
○ その他の島・海岸

出典：Levison（1973）をもとに改変

図15-4　太平洋漂流航海シミュレーション結果の概要

ための往復航海を含むものであったとする仮説の根拠となった（ベルウッド 1989: 398）。

3．人類の拡散と文化進化

●文化進化モデルの発展

1970年代になると，ヘーゲルストランドの拡散モデルを踏まえつつ，文化情報の伝播・拡散を生物進化と類似のメカニズムとして説明する文化進化の理論が登場した。本節ではこの文化進化理論を中心に，拡散研究と関わりながら主に地理学の外側で起こった学術的革新について紹介する。米国の集団遺伝学者・人類学者L.L.カヴァリ＝スフォルツァらは，生物進化と文化進化との類似性に着眼し，生物進化との違いを慎重に検討しながら，文化の進化と拡散プロセスに関する包括的な定量的モデルを整備した（Cavalli-Sforza and Feldman 1981）。

カヴァリ＝スフォルツァらが主に使用したものは遺伝と言語である。彼らは，世界の地域別に遺伝的距離と地理的距離との関係を統計的に分析し，ヘーゲルストランドの拡散研究で見いだされたような相関がみられるとともに，地域別に異なる曲線を描くことを明らかにした。

彼らの理論と方法は，農耕の起源と拡散の研究に関しても革新的な知見をもたらした。農耕を含む文化の拡がりが，人の移動によって運ばれたものなのか，情報だけが伝播したものなのか，それとも環境への適応によって独立に発生したものなのかという問題は，ラッツェルの時代には解決の困難な問題であった。カヴァリ＝スフォルツァらは，遺伝的多様性の解析によって，新石器時代に穀物農耕と牧畜が西アジアで起源し，ヨーロッパへ拡散したプロセスにおいて，人の移動によるファクターがきわめて重要であることを示した。

言語は主に親から子へと継承される保守的な文化情報であり，遺伝と

同様に人の拡散によって直接運ばれる可能性の高いものである。この性質から，農耕を含む文化情報の拡散を復原する道具として注目されるようになった。英国の考古学者C.レンフルーは，言語の系統関係に関する解析と先史学的証拠を組み合わせ，インド＝ヨーロッパ語族の起源と拡散に関する仮説を提示するとともに，アナトリアで起源した初期農耕が人の移動によって拡散したと主張した（レンフルー 1993）。レンフルーとは独立に，カヴァリ＝スフォルツァらは，インド＝ヨーロッパ語族，アフロ＝アジア語族，ドラヴィダ語族の話者はいずれも，初期農耕の起源地であるアナトリア南部から「肥沃な三日月地帯」にかけての地域から放射状に拡散したという仮説を提唱した（**図15-5**）。これらの仮説は，形態要素間の分布の重なる度合いが高い地域を伝播の中心とするラッツェルの形態圏論を想起させるものである。レンフルーらによって導かれた理論と方法は人類学者P.ベルウッドに引き継がれ，世界の農耕文化の起源と拡散に関する仮説が提出された（ベルウッド 2008）。

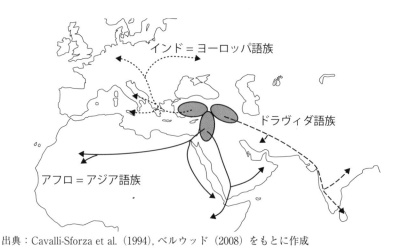

出典：Cavalli-Sforza et al. (1994)，ベルウッド（2008）をもとに作成

図15-5　三つの語族と農耕文化の拡散仮説

●**価値観のグローバルな拡散**

　カヴァリ＝スフォルツァらとは異なる手法による文化進化に関する興味深い研究事例を紹介しておきたい。米国の政治学者R.イングルハートらは，現代世界においてライフスタイルや文化規範がどのように変化しているのかを，世界価値観調査と呼ばれる継続的な国際調査によって研究している。この調査は1981年のヨーロッパにおける調査から開始され，その後約５年ごとに継続調査が行われ，対象国も徐々に拡張されて現在では世界人口の９割以上に相当する国・地域で実施されている（イングルハート 2019）。

　調査結果の解析からイングルハートが述べる仮説の概要は以下の通りである。まず，都市化や近代化にともなって経済的な豊かさが増すとともに，暴力や病気によって若いうちに死亡するリスクが低くなっていくと，人々は集団主義的で伝統的規範を重視する価値観から，マイノリティなどの他者への寛容さや民主的な制度を重視する個人主義的な価値観へと変容する。こうした変容は，経済的豊かさをより多くの地域で享受で

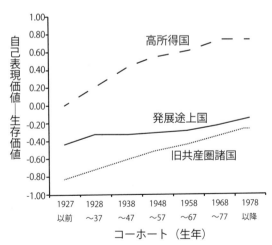

注：縦軸の値が高いほど，生き延びることを第一に考える物質主義的・集団主義的な価値観よりも，
　　他者への寛容性や自己表現を重視する個人主義的価値観に高い価値が置かれることを示す。
出典：イングルハート（2019）をもとに改変

図15-6　価値観のグローバルな変化

きるようになり，世界規模の戦争がなくなり平和が長期間持続するにともなって，グローバルに同じ価値観へとシフトしているというものである。

世界価値観調査の結果は，さまざまな点で興味深い。たとえば，全体としては上記のような同一の方向に向かいながら，国どうしの相対的な位置関係は比較的変わらない。これは，文化進化が生物進化と同様に経路依存的なものであり，前の世代の状態から漸進的に変化するためであると考えられる。また調査の結果は，大人になると価値観は変化しにくく，価値観の変化の主要な原動力は世代交代によることを示している（図15-6）。生物進化と異なり，文化進化は一世代の間に起こりうることが特徴だが，それでもこの結果が示すように，保守的な文化要素の進化は世代交代がその推進力になると考えられる。

4. 人文地理学の現在と未来

本書の締めくくりとして本章では，近代地理学の黎明期におけるラッツェルの問いが，計量革命期に定量的なモデル構築研究によって引き継がれ，さらに専門分野の外側においてより包括的な研究へと発展していくプロセスを，学術研究の系譜と進化の事例ととらえ紹介した。人文地理学の歴史を振り返ると，つねに前世代の問いを引き継ぎつつ，その時代における周辺分野の思想や方法の影響を受けながら問いが繰り返し再解釈され，再構築されてきた。人文地理学という一つの専門分野に限らず，人類の知の歩みそれ自体が，文化進化なのだといえる。

本章では十分に触れることができなかったが，この半世紀の人文地理学は，たとえば拡散モデルから感染症の保健医療への応用といったように，基礎的・理論的な問題からより応用的・実践的な方向にシフトしてきた。したがって本書でも，熱帯林減少の問題や先住民の権利をめぐる

問題，防災，都市部における保育サービスや高齢化の問題など，環境問題や社会的な不平等の解決に向けた実践的課題を多く取り扱った。これらの問題はいずれも人文地理学の枠を大きく超えて学問全体，人類全体で共有する課題であるといえ，専門分野の枠にとらわれない学術交流の中で進めていくことが必要になる。人文地理学はとりわけ専門分野間を結ぶ結節点の役割を果たすことが求められるであろう。

　最後に少々長くなるが，第1章で紹介した英国の人文地理学者P.ハゲットが2001年に著した教科書『地理学―グローバルな総合』の最終章にある，将来展望に関する一節を紹介する（Haggett 2001: 774-775）。

＊

もしこれらの問い（筆者注：環境問題，紛争，不平等などの解決に地理学を役立てることができるかという問い）が，若い地理学者たちが取り組んでいこうとする広範で長期にわたる問題の典型的なものだしたら，地理学が進みつつある現在のトレンドからの著しい方向転換が必要になるだろう。たとえば，現在のように専門化・細分化を推し進めていく代わりに，いまだに物理学・生物学的領域に偏って行われている生態学的アプローチを，環境改変を続ける人間活動を含める方向に拡張していく必要があるだろう。自然地理学者と人文地理学者は，ユニークな共同研究の機会をつくるために互いのセミナーにもっと多くの時間を費やすべきだろう。定量的なモデル構築に関心をもつ地理学者と，現実の地域の複雑さに関心をもつ地理学者とは，和解する必要がある。（中略）そして，もっと多くの地理学者が教室の外に出て，自ら学んだことを実践する必要があるだろう。（中略）本書の目的は，他分野のディシプリンを学んだ学生を，長い間狭い地理学界の独占物であった学問領域へと誘いこむことにもある。それらの学生は，地理学界という小さなグループを長年悩ませてきた問いに対して新しい洞察や解を与えることに役立ってくれ

るかもしれない。私たちは皆さんがこの招待状—それは挑戦状でもある
—を受け取り，ほんの短い序文のような本書をきっかけに，取り組む価
値のある地理学コースへと進むことを期待しよう。

＊

　ハゲットによる当時の学界の状況分析と展望は，20年以上が経過した
現在でも新鮮さを失っていない。地理学者は，世界の成り立ちを問い，
そこで得た知見を地球上のさまざまな問題の解決に役立てるために，狭
い専門分野の枠を超えた協働を必要とする。本書もまた，ともにそれら
の問題と格闘していくための読者への誘いである。

参考文献

- イングルハート，R.F. 著，山崎聖子訳 2019.『文化的進化論—人びとの価値観と
  行動が世界をつくりかえる』勁草書房．Inglehart, R.F. 2018. *Cultural evolution:
  People's motivations are changing, and reshaping the world*. Cambridge:
  Cambridge University Press.
- 大西拓一郎 2016.『新日本言語地図—分布図で見渡す方言の世界』朝倉書店．
- サウアー，C.O. 著，竹内常行・斎藤晃吉訳 1960.『農業の起原』古今書院．
  Sauer, C.O. 1952. *Agricultural origins and dispersals*. New York: The American
  Geographical Society.
- 杉浦芳夫 2001. ヘーゲルシュトランド—現代地理学と近代地理学の邂逅．竹内啓
  一・杉浦芳夫編『20世紀の地理学者』178-190. 古今書院．
- 久武哲也 2000.『文化地理学の系譜』地人書房．
- ベルウッド，P. 著，植木　武・服部研二訳 1989.『太平洋—東南アジアとオセア
  ニアの人類史』法政大学出版局．Bellwood, P. 1978. *Man's conquest of the Pacific:
  The prehistory of Southeast Asia and Oceania*. Auckland: Collins.
- ベルウッド，P. 著，長田俊樹・佐藤洋一郎監訳 2008.『農耕起源の人類史』京都
  大学学術出版会．Bellwood, P. 2005. *First farmers: The origins of agricultural
  societies*. Malden: Blackwell Publishing.

- 柳田国男 1980. 『蝸牛考』岩波書店.
- レンフルー, C. 著, 橋本槇矩訳 1993. 『ことばの考古学』青土社. Renfrew, C. 1987. *Archaeology and language: The puzzle of Indo-Europian origins*. New York: Cambridge University Press.
- Cavalli-Sforza, L.L. and Feldman, M.W. 1981. *Cultural transmission and evolution: A quantitative approach*. Princeton: Princeton University Press.
- Cavalli-Sforza, L.L., Menozzi, P. and Piazza, A. 1994. *The history and geography of human genes*. Princeton: Princeton University Press.
- Hägerstrand, T. 1967. *Innovation diffusion as a spacial process*. Chicago: The University of Chicago Press.
- Haggett, P. 2001. *Geography: A global synthesis*. Harlow: Prentice Hall.
- Henrich, J. 2001. Cultural transmission and the diffusion of innovations: Adoption dynamics indicate that biased cultural transmission is the predominate force in behavioral change. *American Anthropologist* 103: 992-1013.
- Levison, M., Ward, R.G. and Webb, J.W. 1973. *The settlement of Polynesia: A computer simulation*. Minneapolis: The University of Minnesota Press.
- Ryan, B. and Gross, N.C. 1943. The diffusion of hybrid seed corn in two Iowa communities. *Rural Sociology* 8: 15-24.

索 引

●配列は五十音順，アルファベットで始まるものはＡＢＣ順，＊は人名を示す。

分担執筆者紹介 |

矢部　直人 （やべ・なおと）
・執筆章→第2・10・11章

1978年	神奈川県に生まれる
2002年	東京都立大学理学部卒業
2007年	東京都立大学大学院理学研究科博士課程修了
2011年	国土交通省観光庁「観光統計を活用した実証分析に関する論文」審査委員会奨励賞を受賞
現在	東京都立大学都市環境学部准教授，博士（理学）
専攻	計量地理学，都市地理学
主な著書	『ぶら高田』北越出版，2014.（共編著）
	『変わりゆく日本の大都市圏―ポスト成長社会における都市のかたち』ナカニシヤ出版，2015.（共著）
	『東京地理入門―東京をあるく，みる，楽しむ』朝倉書店，2020.（共著）

祖田　亮次 （そだ・りょうじ）
・執筆章→第5・8章

1970年	京都府に生まれる
1995年	京都大学文学部卒業
2000年	京都大学大学院文学研究科指導認定退学
2000年	日本地理学会奨励賞を受賞
2008年	人文地理学会学会賞（学術図書部門）を受賞
2020年	北海道地理学会優秀論文賞を受賞
現在	大阪公立大学文学研究院教授，博士（文学）
専攻	地理学，東南アジア地域研究
主な著書	『People on the Move』Kyoto Univ. Press，2007.
	『ボルネオの〈里〉の環境学』昭和堂，2013.（共編著）
	『北海道南西沖地震・津波と災害復興』北海道大学出版会，2016.（共著）
	『Anthropogenic Tropical Forests』Springer，2020.（共編著）

池口　明子（いけぐち・あきこ）

・執筆章→第6・7章

1970年	千葉県に生まれる
1993年	琉球大学理学部卒業
2004年	名古屋大学大学院環境学研究科博士課程修了
2004年	日本地理学会奨励賞を受賞
現在	横浜国立大学教育学部准教授，博士（地理学）
専攻	文化地理学，文化生態学
主な著書	『人と魚の自然誌』世界思想社，2008.（共著）
	『歴史と環境』花書院，2012.（共著）
	『身体と生存の文化生態』海青社，2014.（共編著）
	『Adaptive Fisheries Governance in Changing Coastal Regions in Japan』Springer, 2021（共編著）

村山　良之（むらやま・よしゆき）

・執筆章→第9章

1957年	山形県に生まれる
1979年	東北大学理学部卒業
1983年	東北大学大学院理学研究科博士課程中退
現在	山形大学大学院教育実践研究科教授，博士（理学）（2022年3月で山形大学退官）
専攻	地理学，防災教育
主な著書	『災害―その時学校は 事例から学ぶこれからの学校防災』ぎょうせい，2013.（共著）
	『よくわかる都市地理学』ミネルヴァ書房，2014.（共著）
	『防災・減災につなげるハザードマップの活かし方』岩波書店，2015.（共著）
	『教師のための防災学習帳』朝倉書店，2021.（共著）

編著者紹介 |

佐藤　廉也 （さとう・れんや）
・執筆章→第1・3・4・15章

1967年	東京都に生まれる
1991年	京都大学文学部卒業
1997年	京都大学大学院文学研究科博士課程中退
2000年	日本ナイル・エチオピア学会高島賞を受賞
現在	大阪大学大学院人文学研究科教授，博士（文学）
専攻	文化地理学，文化生態学
主な著書	『社会化される生態資源―エチオピア　絶え間なき再生』京都大学学術出版会，2005.（共著） 『朝倉世界地理講座―大地と人間の物語―アフリカI』朝倉書店，2007.（共編著） 『朝倉世界地理講座―大地と人間の物語―アフリカII』朝倉書店，2008.（共編著） 『身体と生存の文化生態』海青社，2014.（共編著）

宮澤　仁 （みやざわ・ひとし）
・執筆章→第1・12・13・14章

1971年	神奈川県に生まれる
1995年	東京都立大学理学部卒業
1999年	東京都立大学大学院理学研究科博士課程中退
2004年	日本地理学会奨励賞を受賞
現在	お茶の水女子大学基幹研究院教授，博士（理学）
専攻	人文地理学，福祉研究，地理情報科学
主な著書	『地域と福祉の分析法―地図・GISの応用と実例』古今書院，2005.（編著） 『地図でみる日本の健康・医療・福祉』明石書店，2017.（編著） 『都市高齢者の介護・住まい・生活支援―福祉地理学から問い直す地域包括ケアシステム』明石書店，2021. 『Community-based Integrated Care and the Inclusive Society: Recent Social Security Reform in Japan』Springer，2021.（共編著）

放送大学教材　1740164-1-2211（テレビ）

人文地理学からみる世界

発　行　　2022年3月20日　第1刷

編著者　　佐藤廉也・宮澤　仁

発行所　　一般財団法人　放送大学教育振興会

　　　　　〒105-0001　東京都港区虎ノ門1-14-1　郵政福祉琴平ビル

　　　　　電話 03（3502）2750

市販用は放送大学教材と同じ内容です。定価はカバーに表示してあります。

落丁本・乱丁本はお取り替えいたします。

Printed in Japan　ISBN978-4-595-32324-9　C1325